女子生活圣经

(韩) 安垠泳 著

周晓蕾 译

中国城市出版社
·北京·

北京版权局著作权合同登记
图字：01-2007-1549 号

图书在版编目（CIP）数据

女子生活圣经/（韩）安垠泳著；周晓蕾译.-北京：
中国城市出版社，(2009.5，重印)
ISBN 978-7-5074-2105-7

Ⅰ.女… Ⅱ.①安…②周… Ⅲ.女性—修养—通俗读物
Ⅳ.B825-49

中国版本图书馆CIP数据核字(2009)第026703号

策划	王立
责任编辑	王月芳 唐浒 黄糞 冯倩
装帧设计	友雅
责任技术编辑	张建军 阮中强 杨冬梅
出版发行	中国城市出版社
地址	北京市海淀区太平路甲40号（邮编 100039）
网址	www.citypress.cn
电话	(010)63275378（营销策划中心）
传真	(010)63489791（营销策划中心）
总编室信箱	citypress@sina.com 电话：(010) 52732057
投稿信箱	world66@263.net（营销策划中心）
经销	新华书店
印刷	北京中科印刷有限公司
字数	120千字 印张8.5
开本	889x1194（毫米）1/32
版次	2009年4月第1版
印次	2009年5月第2次印刷
定价	28.50元

有时会突发奇想，若有神仙许诺，将现在的我送回至二十出头的韶华年岁，我一定不会答应。我没有信心二十来岁的自己也能做到如现在一样，如火如荼地与天斗与人斗的同时，又懂得健康地爱自己。在那些青涩年月里，自己的身体仿佛悬于半空，灵魂迎风招展不定，眉宇间尚有懵懂，眼里渗出的却是同年龄不符的沧桑和辛辣。不时疯通宵，翌日清早沐浴在迷离的晨光中时，镜中的人面色苍白，鬼一样，仿佛一个指尖的碰触便会碎成粉末。二十岁。那时的青春，丰盛却荒芜。眼角眉梢总会挂着一丝嘲弄的微笑。时间总不够用。不停去爱，不停被爱，不停受伤，不停伤人。经历起落颓废后，无心抬头看，发现自己已过了二十五岁，才突然觉得心惊，慌忙双手合十放在胸前，开始祈祷青春走慢些，再慢些。那时的自己，嘴上总挂着“好开心！”“好无聊！”之类的话，内心却是一片茫然空洞。呵，如今历历回想起来，那时任是阳光灿烂的日子，我也不愿重温。

要问地球上我最喜欢的男演员，当选者必是詹姆斯·迪恩（詹姆斯·迪恩：20世纪50年代最伟大的男明星之一。主演过电影《伊甸园之东》（East of Eden, 1955）、《无因的反叛》（Rebel Without A Cause, 1955），《巨人》（Giant, 1956））无疑。如果魔鬼说，孩子，给我你的灵魂，便能让你见他一面。我定会点头如捣蒜。后来我做了一名娱记，虽然没有挖地三尺从阎王老子那里讨回詹姆斯的本事，但也觉得离我伟大神圣的偶像近了一步，满心欢喜。身边亲友却不以为然，纷纷摇头："像你这样喜欢看人，观察人，说起话来天花乱坠的人，做什么记者？挂牌算命去多好！"

然而，不论怎样，二十五岁以后，我看到了自己的变化。眼里不再只看得到自己，而开始学习为了他人去认真生活；开始明白真正的充实不是一味地诉说，而是懂得如何倾听；开始学会内敛含蓄，亦会时时微笑。我感觉好极了。从女孩到女人的转变，成人的感觉。

一转眼如今已过三十五岁。时间流逝地悄无声息，唏嘘之余便想为二十五岁已过三十岁未满的女性写些什么，或是个人的经验之谈，或是自己这些年听来看到的一些点滴见闻。不一定精辟准确，但绝对是肺腑之言。这五年，对于一个女人实在最珍贵不过，我们非要过得活色生香不可。

在这本书里，你会看到许多与你相仿的女子，以及在她们身上发生的故事。她们的恋爱、性与婚姻，她们对时尚和美丽的定义，如何做到家人和朋友之间的平衡，她们如何在职场左右逢源，又如何在人际关系上做到八面玲珑。我希望你同她们中的某些佼佼者一样，优雅而成功地跨过二十岁同三十岁的分水岭。记住，做了傻事没什么难为情，但一旦因此生了自卑看低了自己，才是真正的丢脸。在我看来，女人的魅力智慧远胜过机智聪明。

在此深深感谢出版社的张韩曼女士，如果没有您软硬兼施的督促，便没有书稿的完成。感谢一向以来给予我莫大支持的洪善雅，江在盈，金仁淑，南秀英，车恩静等亲爱的伙伴。另外，也感谢默默鼓励辅佐我的雍源俊前辈，体贴贡献经验谈的金素拉，何慧玲，赵裕贤等，耐着性子为我拍摄照片的郑真敬，金熙田，李延敬等，以及可爱的后辈张回静，郑小盈等——各位，再次对你们深深鞠躬表示感谢。

总在耳边唠叨着要"老姐嫁人"的我的两个弟弟俊亨和欢壁，姐姐在这里还是那句话：嫁不嫁，都请不要再担心啦！为女儿操白了头发的妈妈，还有远在天国的爸爸，女儿将这本书献给你们！我爱你们！

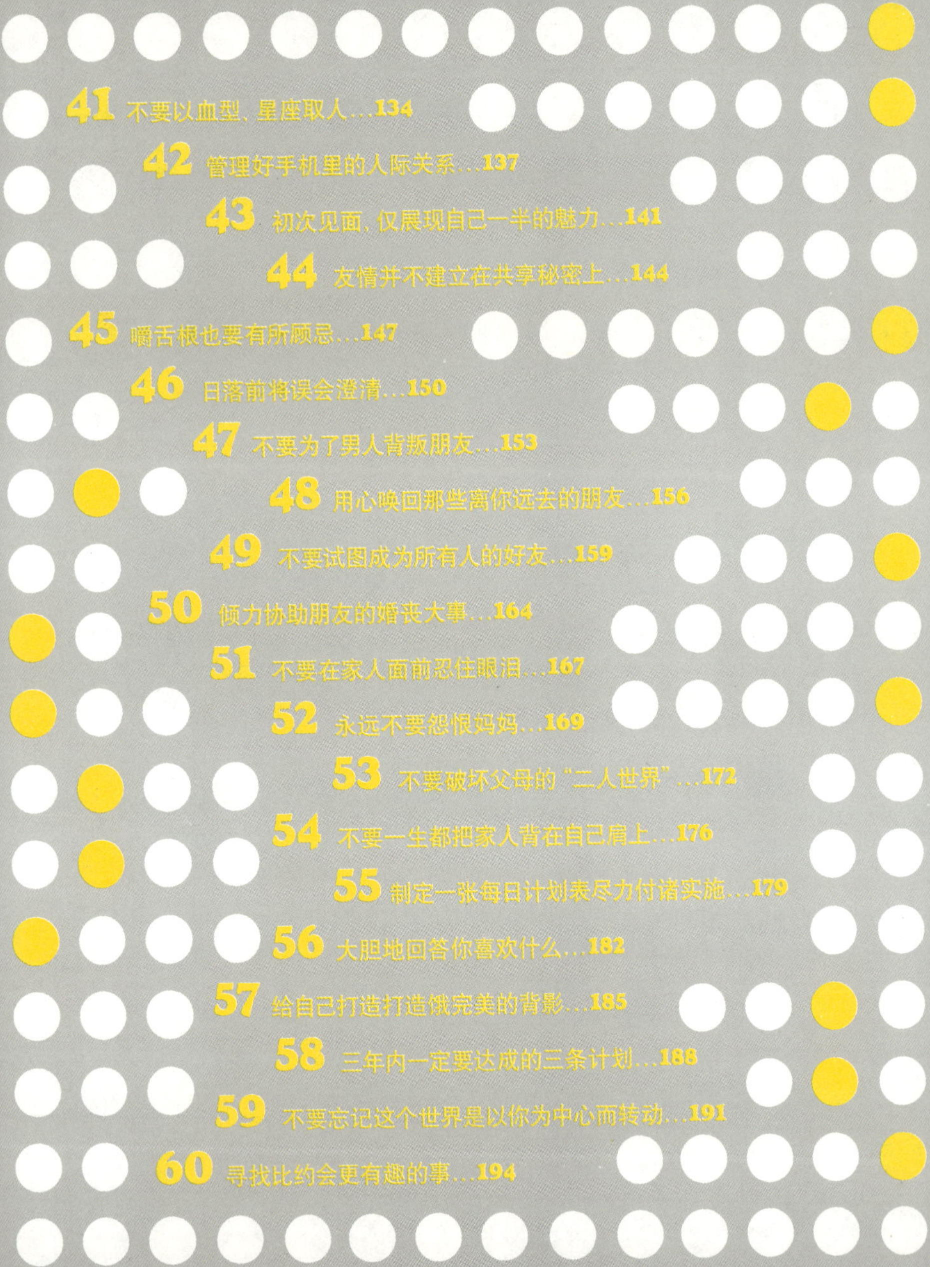

01 择选男伴 绝不放低眼光

现代女子对高跟鞋的钟爱，如天性与生俱来。至于为何，各式解释俯拾皆是。聪颖如你，亦会有自己的一套说法。在我看来，高跟鞋之所以获宠，是因它满足了女人潜意识里想要俯视众生的虚荣心。

“俯视众生”？这是一种怎样的姿态？可是像观世音菩萨，怀揣一颗悲悯之心俯视芸芸众生？不不。此书通篇皆是世俗红尘，讲的是凡人的事体情理，论及的女子，或迷茫或胆怯或自信或执迷，却尽是身边的你我她，超然物外不食人间烟火的奇女子，不在我们的讨论内。好，既已将视线从天上拉回人间，那么这里的“众生”便不难理解了。还能有谁？虽然同我们生活在一片天地，却俨然是另一个星球来客的生物——除了这些可恶又可爱的“臭男人”们，还会有谁？再好胜的女子，有时也不得不承认，最大的快乐往往来自异性。

对异性爱慕的注视，甘之如饴。明明满心欢喜，又不免假清高，故作烟视媚行状——对男人来说，女人何尝不也是同样令人费解？各自打了个平手，因而谁也埋怨不得。

女人看女人，则透彻得多。说到底，她们不过是一群美丽的小兽。

表面温良娴静，却终未脱兽性。她们渴望异性目光如炬看住自己，时刻俯耳听命。为此，她们闻鸡起舞勤练技艺，不计代价。高跟鞋不过是众多招数套路中的一样。最终目的仍是捕获异性的青睐。

看男人的眼光，像女人的鞋跟。适当的高度令人婀娜多姿风情万种，高得过了分，走起路来便好像戏子踩高跷，不仅不美，一不留神栽个跟头，又疼又懊恼又难看。曲高和寡，古人的话是不错的。所以，眼光这回事，绝不是一味越高越好。有些女子，条件原是极好的，却苦于无人问津。为什么？且看她，心比天高，一双美目生在额头，周身萦绕着一股清傲的寒气。男人老远见了此女，怎么能不心生畏惧。就算不掉头逃跑，也免不了把她当做池里的一朵莲花，远远观望欣赏，觉得美好，只到底不敢涉水采摘。

然而因眼光过高受了挫，却万万不可就此因噎废食，干脆放低或不设标准。穿高跟鞋摔了一次跤，从此便咬牙切齿改穿球鞋的女人是愚蠢的。你应知，错不在高跟鞋，而在不合适的鞋跟上。但我们总仍需要一双好的高跟鞋。它的魅力显而易见，令人增添自信、女性气质、性感，甚至知性，足够惹人注目，却又穿着服帖舒适，好像身体的一部分，走起路来健步如飞。能将高跟鞋穿成这样，不能不说是一种艺术。世上不乏个中好手。这类女子颠倒众生，活得好像玫瑰，美丽迷人，虽少不了一身刺，却总会有人忍痛采摘。倒不是说莲花不及玫瑰精彩，而是在异性眼里，玫瑰更讨好。生于陆上易接近，却又不是人人都可随意摘取，那些恼人却恰到好处的刺，足够吓退弱者，对强者又恰是致命的吸引。

女人对伴侣的择选，所谓的“眼光”，说到底便是她给自己的定位，在人前呈现出的姿态。极简单的道理：必先严以律己，才有资格要求对方。我们说不论何时都不可降低了挑选男人的眼光，其实也是说，不论何时女人都须维持一种性感的紧张和警觉，精益求精，直把自己修炼成一朵美又不失高贵的玫瑰。

女人最忌的便是做成路边的野花。迎风点头笑，谁都好伸手摘得。这是自行贬价，再美也是枉然。对男人，一旦抱着"因为你喜欢我，我便感激不尽"的心态开始了第一场约会，把自己降格为一朵野花，除了招蜂引蝶，不会有更好的作为。

若不想自己变成一朵廉价的野花，便须记住，永不要轻易给男人亮出高分。不论何时都不能昏了头，要冷静，观察亦要仔细。好像玉石商人甄别美玉，手持放大镜，细致，再细致些。起初时可能会耗费一些时日和精力，但只要暗下苦功，日子久了，自然会炼出一双火眼金睛来。到那时，即便是初次见面，只需三言两语，你就能得出判断。他或会是长久交往的好对象，或许根本不值得你再看第二眼，又或者，只适合当一夜的情人。

一个拥有好眼光的女子，决不会以貌取人。她深知美玉有时偏藏在最丑陋的石胚里。同样，一个优秀的极品男人，可以其貌不扬，却一定像陈年的好酒，深厚自信睿智幽默懂得体恤。那股迷人却低调的醇香，在你左顾右盼随意撒网的忙乱里，又怎可能会被闻到？最后你会看见，得到他们的女子，终究还是那些耐得住寂寞，有原则有底线的女子。她们不见得都美丽，却必定有着极高的眼光。

择选男伴时，你需细心观察的事项

- 他是不是一个宽容的君子。时代愈发展，愈不缺独立强势的大女子。若你没法更改自己火爆的个性，至要紧的便要弄清身边的他是否有一个足以撑船的“宰相肚”。在那些懂得将大事化小，小事化了的人面前，再暴躁的母狮子，也终会变成一只温顺的小猫。

- 他对你到底有多么锲而不舍。热恋时百般温存没甚稀奇。热度稍退，磨擦争吵不可避免。这时有些男子便会赌气说：“我真正不懂你们女人心里究竟想的是什么！”你需明白这句话传达的讯息。不是他不懂女人，而是他对你已少了耐心，倦了呢。一个好男人，决不会轻言放弃，他会将你视作同母亲一样重要的存在。争吵过后，他亦不会说出不懂女人的混话来，而会诚恳地说：“我知道自己是个自私的家伙，不过为了你，我会更加努力的。”

- 他是否懂得平衡的艺术。他穿衣懂得搭配，即使与你恋得如火如荼，也绝不会忽视了至爱的亲人和身边的朋友；他是个爱情的调酒高手，总能将嫉妒与亲密的浓度配得恰到好处；他懂得适时克制愤怒，亦懂得偶尔佯怒表达立场。你若寻到了这样的男人，祝贺你！他必定会是个极具责任心的男人，值得托付终身。

02 去诱惑坏男人吧

不可否认，坏男人身上散发着一种独有的香气。他们可以同时具备两重三重甚至五重六重的人格，他们的眉眼敏捷如眼镜蛇的信子，目光时而锋利如豺狼，时而温柔如母鹿，心却总酷如鬣狗。这样的男人，不教人心动也难。坏男人永远有本事让你甜蜜如浸蜜罐，同时心里却又不住忐忑。痛苦又快乐。

许多电影里，坏男人最终都爱上了单纯而善良的女人。这实在是一个误会。现实生活中，坏男人只能被聪明自私有手段的女人擒获。为什么？原因很简单。因为征服这样的女人，能给男人带来不尽的快感。一团棉絮般的温柔，事事顺从无主见的小女人，坏男人嫌她们沉闷无趣；只有那些独立，略带强势的大女人，才能让其兴奋不已陷入情网。

一个年轻女孩在演出公司打工时，偶遇到一个英俊迷人的演出策划人。女孩对他一见钟情，平生第一次尝到了相思到无法入眠的滋味。几通电话后，那个男人向她坦言：“我和女人交往，都没有超过一个月以上的。虽然和那些稍有好感的女人很快就能转为情人关系，但往往见了几次面后，就会厌倦。总之一句话，我是个不负责任的家伙。说实话，我现在对你也不是没有好感，只是我不知道这样的好感会持续到什么时候。如果你听了这些话之后，还觉得没什么的话，那我们就交往吧。”在旁人听来十足的混账话，听在女孩的耳朵里，却仍是吸引和刺激。她不顾一切地选择同他陷入了情网。

人人都有征服的欲望和渴求，这解释了许多女子一而再，再而三地跌进“坏男人”的泥潭，遍体鳞伤而不自拔的原因。

既然如此，那我们需要远离坏男人么？不，相反，我们要去诱惑他们！因为坏男人一旦真正爱起来，其忠诚和热烈远胜过任何中规中矩的好男人。在坏男人面前，至要紧的是不能怕，用尽浑身解数，让他们为了你去牵肠挂肚。要如何做呢？不用急，且听我细细道来。

第一阶段：你需要一双能够分辨得出坏男人的利眼。他是否是你要的那种致命的坏男人，很多时候只需扫一眼。“啊，我好像要陷进去了……”“到底是怎么了？明明是第一次见面，怎么腿就软了呢？”在他面前，你的脑中若闪过这样的念头，那么十有八九就是他了！

第二阶段：秘密布阵，不动声色接受他的诱惑。坏男人一旦开始了他的引诱，便少有女子不为之神魂颠倒。你尽管放开胸怀享受他的引诱，但一定要在同时保持头脑的冷静。不入虎穴，焉得虎子。只有靠近他，你才能把握他的喜好和弱点，继而全副武装地进入下一阶段。

第三阶段：不论何时何地，绝不首先坠入情网。时机尚未成熟，而你却已不顾一切跳入爱情的洪流，让自己昏了头，那么之前的努力极有可能会在这一阶段功溃于旦夕间。“你开心么？我也很开心！”你们的感情若能维持在这一尺度，便刚刚好。千万不能在握牢他之前，就丢失了自我和冷静。

第四阶段：集中进攻，享受战果。多半男人变“坏”，变得玩世不恭，都源自年轻时自女性那里受到的伤害。你一旦确定了他“坏”的源头，便能够对症下药，让他离不开你。只有到这时，你才可安心地“昏头”，全心地享受相爱的甜蜜。捕获坏男人的计划也至此算得大功告成。而至于如何让你们的爱情历久弥新，那则是另一门学问了。

我曾遇到的真正坏男人

● **只对我一个人吝啬的男人。** 明明囊中羞涩，却仍厚着脸皮天天约会我。结账时，他总有本事用性感的眼神让我乖乖地自动掏出钱包。有一天我不乐意了，他却说得头头是道：“我对你的爱是几个臭钱就能衡量得了的么？”然而分手后某一天，我听说他正追求某位小姐，而这一次，情侣戒、名牌包包、巴利鞋等则是他攻城的武器。

● **忘不了旧情人的男人。** 他会在睡梦中深情地呼喊旧情人的名字：“××，不要离开我……”每每此刻，我都恨得直想掐死他。

● **招蜂引蝶的男人。** 正和他恋爱得如胶似漆，突然我接到一陌生女人打来的电话：“这个男人是我的，和他玩玩也就罢了，现在请你让开！”我也不是吃素的，痛骂了一通后，狠狠甩掉了电话。后来到底还是意难平，于是对男友进行了一些小小的跟踪和调查。结果发现，除了那个女人以外，他甚至还有其他的人。狠心说分手后，他哭着喊着求我不要走，喝了酒，又在深夜打来骚扰电话，真正累煞我也。

03 两周内定胜负

某天，你逛百货公司时，看到了一只让你直流口水的包包。不出意外的，价格也高得让你想流眼泪。正一边犹豫，一边在脑子里迅速按着计算器的时候，一个妖娆的女子从你身边款款擦过，葱指轻点了下那只闪着光芒的包包："我要了，给我包起来。"

目送着那个狐狸一样的女子一摇一摆离去，你骤然停止了犹豫，原本心仪的包包，在你眼里也突然变得妖里妖气起来。你安慰自己，大不了再买其他的，却仍止不了难过，好像自己的心爱之物被人抢走了一样。为了一只包包已经如此，更何况一个活生生的男人呢。不管男人还是包包，往往最好的便是那个让你一见钟情的。对于某些收藏家来说，他和它不过是"One Of Them"，而你却希望他和它能够成为"The One"。因为他，你每个灰色的日子都变得奇幻美妙，你总止不住去想他此刻在做什么，你会烦恼何时拨电话过去才合适——你是如此强烈地想要得到他的心，却不能如饿狼扑食，你需要有计划有手段，并且必须要在两周内结束这场争夺战。

为什么定是两周呢？原因如下：

首先，能被你一眼便看上的人，必定早也有其他人在旁虎视眈眈。

你还在那边犹豫，别人却已经摩拳擦掌上了阵，到时候眼看着你的“心上人”被人掳走，哭都来不及。所以无论如何，要先下手为强。其次，从恋爱心理学角度来分析，若在两周的时间搞不定对方，一般说来，胜算便少了许多。热情如火，燃烧得容易，熄灭得也容易。爱情说到底不过是荷尔蒙作祟，是一定心情和气氛下生成的一种幻觉。初次见面后，他若对你的存在和好感熟视无睹，再隔个无风无浪的十五天，恐怕就会彻底忘记你这个人。最后把话说回来，你真以为他会不了解你的心意？呵，笑话！男人虽说迟钝，但也不至于蠢到看不出你眼里荡漾的秋波。他不做反应，多数时候不是因为他没有接受到你的信息，也不是在靠装傻而婉拒，而是他在尚未确定前不敢轻举妄动。他需要你更强烈直接的提示，而早早就气馁退场绝不是淑女所为。

女追男须知

● 要追求，不要暗恋。做现代女性不容易，现代女性遇到倾心的人更不容易。我们应把主动权和幸福握在自己手里，不坐等白马王子的到来，也绝不在白马王子出现后遥遥观望等待他的青睐。

● 不在一棵树上吊死。如果追求无果，那么爽利地拍拍屁股起身走人吧。爱情有时简单得很。爱的满足往往等同于占有欲的满足，爱的失落也往往来自欲求却无果后的空虚。明白这些后，心意便可清澄许多。笑笑站起来，放眼左右，寻找下一个人吧。

04 绝不先打电话

在恋爱的问题上，人们经常会误会的一件事是：那个最先告白、说最多、做最多、要求最多的人占了恋爱的上风。其实不然，事实恰恰相反。真正占上风的人是总在侧耳听对方说话，总觉得自己亏欠了对方，对这段感情没甚自信的那一个。如果你已为当下的感情伤透了脑筋操碎了心，那你便到了需要改变恋爱方法或恋爱对象的时候了。

如果你每到周四晚上便忙不迭地开始制订你俩的周末计划，总是首先打电话过去定下约会，甚至约会当天还不忘拨去电话提醒对方，约会后的晚安电话也往往由温柔的你主动拨出——那么，请，你，现，在，就，放，下，电，话！

"这又怎么了？爱都爱了，还要管那么多自尊心做什么？"有人看到这里定要不爽地反问我了。好问题！可惜我们现在讨论的不是自尊心问题，而是你恋爱习惯的问题。一旦养成了首先打电话的习惯，你便会错过那些真正需要等待、需要适当被动的时刻。要知道，恋爱不像你在自动售货机上购买饮料，只消你纤指一点，稍稍弯腰便能得到想要的东西。恋爱是两个人的事，有进有退，有急有缓，它的节奏绝不是你一个人就能定得了的。

吵架后不出半天就忍不住要拨电话过去的你，下次提起话筒前请千万三思。你须知道，电话铃声便是你投降时举起的白旗。当他接起电话，你再忍不住委屈，急于把心里的不满一吐为快，说着说着眼泪又不听使唤掉个唏哩哗啦。一切的一切，你不过想对方说一句"对不起"，想他知道你有多委屈，你甚至已做好了接受他下跪道歉的姿态，然而……他竟无动于衷！

不要气。错不全在他，回头仔细想想，把事情弄到这番田地的，或许正是你自己。错在你不懂得等待的艺术。

不要哭。以后千万可要学乖了。"对不起"三个字，非得要对方主动说出才能算数。就算心里再想原谅他，再想和他不计前嫌重归于好，你也要耐心等待。口干舌燥就去喝水，心烦意乱就去睡觉，但就是不能够首先打电话过去。告诫自己：只有耐得住寂寞，才能够升华你们之间的感情。

成功恋爱的前提条件是平等与平衡。你不能总做那个低声下气首先投降的人，也不能总当那个骄傲地接电话的人。掰手指算算看，如果你和他扮演两角色的比率相当，那么恭喜了，你们的恋爱有张有弛，两人感情日渐升温，只待来日修成正果了。

他拨来道歉电话后，你不能够说的话

● （不由分说地）“干吗？”一语落下，思想斗争半天才拿起话筒的他，心里怎能不顿时凉了半截。干吗？你明明知道，又何苦多此一问。

● “你知道你错在哪里吗……啊？”记住，他打电话给你，绝不是为了给自己开批评大会。他也许了解你等待这通电话的焦灼，冷战也许让他觉得十分不好过，而当他怀着求和的心前来，你却摆出一副不将冷战进行到底誓不罢休的架势，哎，不要怪我说你笨如牛呐。

● “……”冷战后你们的第一通电话至关重要，此时的沉默绝不是金，只能将情形弄得更糟。当然，如果你抱着再不要见这个人的心，就只管尽情沉默好了。如果不，便请开尊口，说什么不重要，重要的是展现出你也想和解的诚意来。即使你还未真正原谅他，心里对他还是气得要命，也不能任性说出一些伤害他自尊的话来。男人一旦放低姿态同你和解却受到挫折，那么你便别再指望他会再打电话来。逞一时的快意，到最后后悔不及的还是你自己。

05 爱了 就不顾一切去爱吧

“你怎会这么笨？连这么浅显的话也听不懂！”

假设你的爱人有一天如此冷眼对你斥道。那么，稍微神经正常些、稍有理智的人都会做出判断：如此言语嘲讽伤人自尊的男人根本不值得去爱。

但是，为何你偏就听不进？因为你已是一个爱情的傻瓜。爱情的傻瓜比世间所有的傻瓜都要固执愚蠢，但也更可爱。爱情的傻瓜是既坚强又柔弱的。为了爱，有时他们可生生剜下自己大腿上的一块肉来，亦不会觉得痛；有时他们像是初得双足的美人鱼，在爱情的路上，每走一步都痛彻心扉。清醒时，他们也会狠心告诉自己：“这么痛苦的爱情还不如不要！”然而这些，从来都只是一瞬的转念，好像浪打到海滩上的泡沫，才生成就已不见了踪影。

什么是爱？这个命题太大，众说纷纭，但是有一点是肯定的：如果已经爱了，那就暂且关闭自己的双耳，让他人的看法和眼光见鬼去，一切听从自己的心吧。

青春可贵，发生在青春年月里的爱情更加可贵，如果不能全心投入不顾一切地爱上一场，那会是多么遗憾的一件事啊。自然，一旦投入地爱了，便必定会有痛苦伴随，但那也是人生不可多得的体验。更何况爱本身是一件如此美好的事，否则你哪来那么多因爱而生的美丽笑容，连同那颗砰然跳动呼之欲出的心脏？

“听我说，这根本不是爱！”——谁也没有资格对你说这样的话，除了你自己。真正在爱的人不是你父母，也不是你的好友。如人饮水，冷暖自知。对你的爱情，任何人都没有权力指手画脚。他们说那是荆棘路，你偏说那是玫瑰花道；他们说那是只癞蛤蟆，你偏说那是青蛙王子；他们说你太固执，你偏说“为什么不”。

如果你让自己变成一根墙头草，因为他人的看法而动摇自己对爱的坚定，那么你便不是真正的在爱。为了面子或他人的看法而勉强维持一段感情，也不是真正的爱。一旦涉及“勉强”、“维持”等字眼，爱便不再是爱。真正的爱，定是没有道理、一意孤行的，即使明知前路是刀山火海，你也能毫不犹豫地快乐前行。爱是自己给自己套上的一副枷锁，心也甘情也愿，对自己不怀一丝怜悯。你的人生将因如此的极致体验而变得丰富完整，日后你也可骄傲地与人说，我曾结结实实地真正爱过。

惹人厌的"忠言"

● "你真的觉得你俩在一起合适？"权且爱了再说！在一起合不合适这样的问题，还是让明天去照顾它吧。

● "你难道就只顾自己开心？"爱情本来就是自私的。我不是圣母玛丽亚，也不是救苦救难的观世音，当然只顾得自己开心了。

● "你变了！"对，我变了！世间万物无时无刻不在变化，我干吗得一成不变？

● "你以后不要后悔！"我不知道以后会不会后悔，但知道即使后悔了，也不会怨天尤人。毕竟我做的一切都没有辜负和违背自己的心。如此足矣，后悔与否根本不重要。

06：想得到爱 就要动脑筋

必须承认，这世界确有这样一些女人，外表平平，身边却总不乏优秀的追求者，眼看男人们为了她们神魂颠倒，实在让人恨得牙齿发痒。上看下看左看右看，怎么也看不出她有什么性感迷人之处，凭什么就能集万千宠爱于一身？

我在一番认真观察研究后发现了一个事实，即，但凡这样的女子对恋爱和男人都极有手段。她能够在脑中迅速地给初次见面的男人分门别类，然后针对不同的男人，使出不同的招数。一句话，这些女子才是真正的"狐狸精"呐！

她们深知爱情需要趣味和艺术的浇灌；她们懂得掌握适度火候，从而煲出更浓更香的亲密鸡汤；必要的时候，她们也会撒一两个完美的谎，或掉一两颗眼泪，四两拨千斤力挽狂澜——她们的智慧或来自天赋，或出于后天的习得。如果你也想要成为这样的女人，那么请先过目以下的几项注意事项。

首先，为了讨得男人的欢心，适度的"跟踪"无伤大雅，但绝不能过了度，否则定会换来苦果。十来年前，当人们还使用寻呼机的时候，我的一位女友偶然间得到了男友的寻呼机密码，从此她便开始饶有趣味地探寻起男友的隐私来。起初男友并未在意，只是有时会吃惊于她的无所不知。待真相大白后，男友勃然大怒一场，差点和她当场决裂。这个故事告诉我们，如果你觉得自己没有霹雳娇娃的身手和智商，那么一开始就不要玩火。探寻隐私这种事，最好永远都不要做，因为一开始便注定了失败。

还有一点！在男人面前，眼泪和谎话绝不是越多越好。事实正相反。人的心是经不起反复刺激的，时间一久必定会变得麻木。“狼来了”的故事，永远都不好笑。日后，真正到了你心痛欲绝的时候，他却对你的眼泪视而不见；当你发自肺腑吐露真言时，他却露出将信将疑的眼神——此时你才会晓得后悔莫及是怎样的一种绝望。所以，不到万不得已，绝不要轻易掉下眼泪，也永不能张口便是谎话。聪明的女人懂得掌握眼泪和谎言的火候。那些只知道哭哭啼啼撒娇装可怜，脑子又不好使的女人，在这个年代已经吃不开了。

这些时候，你需要敲起警钟

● 男朋友像对待结婚十年的老婆一样地对待你。你真需要好好反省一下，自己竟然坐视事情发展到这步田地，自己竟毫无一丝危机意识！女人应不间断地给男人以紧张感。在那一天（你一连几天没有给他电话，他也照样无动于衷）到来之前，便未雨绸缪吧！

● 两人一起的时候，他动不动便心生烦躁，连开口说话都懒得为之。虽然这个事实残酷地让你不愿意承认，但我还是要说：他对你厌烦了。你不要跳起来："他竟敢这么对待我？！"而应该静下来审视自己："我到底哪里做错了，竟让他这么对待我？"

● 和你在一起的时候，他不时会被其他女子牵走视线。是的，他爱你——迄今为止。但是这并不能保证他在日后不会更爱其他的女人。如果你不愿失去他，那么从现在开始便好自为之吧。否则，你也可继续保持现状，无济于事地乱发无名火，然后大吃一顿以泄愤。

07 爱了不等于不再寂寞

陷在爱河里的人们容易产生一种误解：爱是闪着玫瑰色光辉的蜜泉，一旦啜饮，嘴角心头流淌的只有甜蜜和美好。习惯了独来独往孤影相随的可怜人，突然天上掉下一个可爱的人儿，可以与之手牵手去看电影，陪伴着做所有的事。一时间，那个可怜人觉得满世界都撒满了金色的阳光，不禁要手舞足蹈连呼："乌啦！！"可怜的人，他/她仍不懂什么叫爱情。

即使在爱的进行时，两人恨不得厮守至海枯石烂的时候，爱情也严格遵照着"充实"和"寂寞"的两分法原则。换句话说，真正的爱情是快乐且痛苦的。这就好比患了躁郁症的人，有些时日觉得自己身处云上般的快乐逍遥，有些时日却觉自己沉入了深深的海底，不见日光怎不忧郁绝望。旁人不知个中滋味和艰辛，只知道撇嘴："啧啧啧，拉长张脸，和他又吵架啦？"他们不知道你每一次是如何真诚地开始一场争吵，每次和好又是怎样地费尽心力。他们什么都不明白，只知道说三道四，简直讨厌极了。而你的情绪则随着上下波动，形成一条正弦曲线，延伸至无限。你痛苦不堪，捶胸顿足，口里哀号着："为什么我还是这么的寂寞？

为什么还会毫无征兆地泪水翻涌?”

你爱上了他。从此花也美雨也甜，所有微小琐碎的事物都因为你在爱，而被赋予了美好的意义。他盘踞着你的世界，而你也占据着他的身心。如此美好。你不能够想像未来某一天可能与他的分离。然而多么奇怪，明明那么那么好，焦虑和难过却始终如影相伴。你觉得两人间似有一股斥力，越是一心想靠近，越是不能够。爱得越深，内心的空虚感便越强烈。你不知发生了什么事。因为你已身陷在一种爱的幻觉里，不能自拔。

爱情是自私的。爱到深处，很自然的，人便会生出占有欲。“你是我的！”这样的想法总是不期然地油然而生。而不幸的是，占有欲生成的瞬间，便是爱情渐远的时候。于是，合二为一的占有欲和愈加深重的寂寞交织在一起，充实感和空虚感交叠出现，酿成了爱情这杯亦冰亦烫的烈酒。正好像人往往会在生日那天想到死亡，人在爱情里也总免不了念叨离别。

而正像人在生前无必要把死亡挂在心头一样，人在爱的时候，也无必要总记挂着离别。人的心真是奇妙。幸福到了极点，便不禁要朝另一个极端倾斜。所以，患得患失在爱情里十分正常。在现实的苦痛到来之前，一切的忧虑都是杞人忧天。

久经情场的L小姐的独白

不知你是否有过因为爱而潸然落泪的时候？有一天，我坐在书桌前给男朋友写信。不知怎的，才写到第一行，眼泪便夺眶而出。题头那三个字"亲爱的"，竟像大浪一样砸进眼里，那一刹那，我发了疯似的想念他，一想到有一天要和他分手，要一个人生活，便感到深深的恐惧。虽然现在的我很幸福，但一想像到他不在我身旁的日日夜夜，眼泪便会不由自主地流个不停。在那时，爱情对我来说，不过是自己给自己蒙上的一片青叶，透过阳光，碧绿明亮，只当永远会美好幸福，却不知在那之后有着多少空虚和自私的东西。真正看清后，我不再对谁轻言"爱"字。而一想到爱，便会自然而然地想到离别……这到底是为什么呢？

08 记住你的初体验

曾经看过一部电影《性，谎言，录像带》，其中的男主演詹姆斯·斯培德一度是我心目中性感男子的典型代表，至今每每在屏幕上见到他，仍会觉心尖微颤，仿佛见到分离多时的爱人一般（其实他在这部电影里只能算得上是个帅哥花瓶，真正凸现他魅力的影片是《白色宫殿》，在戏里他以颓废虚弱的梦想家形象登场，真正迷死人）。这部电影有一个镜头我一直记得很清楚。

男人问初次邂逅的一个女人："您第一次性爱的感受如何？"问得自然而然，就像在问她喜欢什么颜色一般。如果有人在第一次见面时这样问我，我定会跳起来："天！你疯了吗？"然而电影里的那个女人很不一般，在极短的错愕后便很快恢复平静，细细描述起了自己初体验的感受，娓娓道来，仿佛早有准备。那您的初体验又是如何呢？以下是一些女性讲述的感受，她们或羞涩或大方，但都是你我身边的普通人。

● 崔福子（假名，28岁，电影宣传科）初体验发生在21岁。同男友一起在学校附近的旅馆。因为之前两人已经有了充分的肢体爱抚，所以一切都是水到渠成。满足度可达90分（作为初恋，又是自己的第一个性伴侣，这分数已经相当高了）。

- 韩恩实（假名，35岁，外企市场部部长）初体验发生在20岁。当时学校的一个学长深深迷恋我，实在招架不住他的软磨硬泡，于是便遂了他。满足度不高，勉强打个60分吧（记忆不管是好是坏，两个人惴惴尝试的过程便足够宝贵和美好了）。
- 吴恩秀（假名，27岁，时尚杂志记者）初体验发生在19岁。作为同前男友再次偶遇的纪念，我们上了床。那是一场糟糕透了的性爱，充满了侮辱感和罪恶感。后来他说："我和你好像不搭啊。"那一刻，满足度一下降到了负100分（他实在是我此生最差的性伴侣）。
- 金尚熙（假名，25岁，自由撰稿人）初体验发生在18岁。当时在滑雪场，因为酒后乱性，便和男友的朋友稀里糊涂地上了床。翌日便被我男友发现，一场恶战随即爆发。直到现在仍不堪回首。要论满足度，负30分吧。（一想到那个乘人之危的混蛋，心里便堵得慌）。
- 全美拉（假名，26岁，图像设计师）初体验发生在20岁。被学校社团的学长霸王硬上弓。当时的自己虽然气得不得了，然而奇怪的是，身体的满足度却可达到80分（之后和他交往两个月后，旋即分手）。

性的初体验如同人的长相，各有不同。如果这个命题，勾起了你内心羞辱恍惚或耻辱的回忆，那么我深感歉意。可是我确信，性的初体验有别于初吻或初恋，它在人的记忆里所占比重之大，有时甚至可超乎你自身的想像。

新生儿在开始分辨事物的颜色和动作之前，最先觉醒的感觉便是"触觉"。那些通过触碰而形成的记忆，往往会长久地遗留下来，直至成年，仍历历在目。由身体直接感知的记忆是如此深刻，以至于在最初体验的那一瞬间便已成永恒。同爱相关的种种初体验都是如此。

性的初体验给人留下的记忆，会在日后长久地反复重现，甚至叠印在以后的每一次性爱里。它是如此令人难以忘怀，事实却表明，认为初体验"不怎么样"的人，要比认为其"好极了"的人整整多出两倍有余。

既然如此，何不将那些糟糕讨厌的初体验记忆一并扔进垃圾筒？不，事情不应是这样的。我不明白，你为何要逃离自己的记忆？要知道，有些记忆是刻在身体里的，你越逃它便追得越紧；我也不明白，你一直苦苦把自己钉在那个罪恶感和污辱感的框架里，是为了什么？虽然某一天，你会被一家旅馆特有的气味勾起回忆，忆起那段荒谬的"第一次"，你会痛苦地抓住自己的头发烦躁不安或默默流泪——但这些都是正常，而如果你任凭其阴影投射到你日后的生活和恋爱里，便是愚蠢至极了。

为何不放开胸怀呢。对业已成形的记忆，既不美化，也不丑化——好像一个离地三尺的旁观者一样——客观地珍藏且看待那段记忆。或许有一天你会忘记那个给你初体验的人，但一定，一定不要忘记那个瞬间，平生第一次与人身体亲密接触的那一瞬间。只有自信宽容地对待自己的初体验，你才能真正地做到爱自己。

PIET

拥有糟糕初体验的男性

● 高二的时候，在家教老师主动挑逗诱惑之下，我和她发生了关系。从那以后，我们的关系变得十分奇怪。我决定结束家教，她还一直给我来电话，实在把那时候的我吓得够呛。

——李佑才（假名，31岁，演出企划）

● 21岁服兵役前，我被朋友拉到清凉里（首尔著名的红灯区），原是出于好奇，想和一个小姐聊聊天，结果人家立时就怒了，于是只好勉强接受了“服务”。那便是我的初体验，充满了不快。

——朴赞日（假名，34岁，研究员）

● 我的第一次发生在17岁的时候，和当时的女友。我毫无经验，于是照搬录影带上的一套，结果把女友弄得十分痛苦。那时才明白，原来真正的性爱并不等同于录影带。

——宋韩石（假名，28岁，地下乐队吉他手）

● 21岁我在美国语言研修时，在当地的一家酒吧偶遇了一个日本女孩，她也是留学生。我们一起喝酒，接着便上了床。后来的三十分钟，那女孩骑在我身上，疯了般地发泄性欲，让我痛苦不堪。后来我只要一看到和她相像的女孩，就忍不住生出一身鸡皮疙瘩。

——金佑哲（假名，27岁，研究生）

09 不要让他的手为难

我们在少女时节容易生成一种误解，认为少年们都该是勇敢且无畏的，只有英雄才能得到美人的青睐。其实不尽如此。男人要比我们想像得更为小心和胆怯。大多数的男人在第一次约会前的紧张一点不亚于女人，或许只有更甚。他看似坦然，脑袋里却在飞快盘算着许多问题，打头的总是"When"、"Where"、"How"等特殊疑问词。什么时候在电影院里握她的手好呢？在什么场合亲她好呢？怎样才能制造浪漫？

而女人却总教人捉摸不定。每每在男人绞尽脑汁计算着下一步的时候，她翩然走开，让男人嗅着风里隐约的发香，怅然半晌。道别前，男人正踌躇着要不要上前亲一下她的额角，她却像只小猫甜蜜地一笑，转身隐进了家门。女人脑子里也充斥着许多问题。但不同于男人的是，她们的问题总会以"Why"打头。为什么他的手心老湿糊糊的，为什么他车里就没有一张有情调的CD呢，出一身臭汗后为什么不用喷雾剂，为什么非要在人来人往的地方和我亲热……哎，女人到底是太聪明了，还是真正不解风情呢？

但有一点可以肯定：女人即使陷入爱河，也会要求基本的礼待和按部就班地深入，她们比男人需要更多的时候来达到熟稔。但即便如此，你也不能不由分说就推开男人试探的手。

对于肢体接触的艺术，男女有着微妙的差异。男人有时会错误判断女人的心思而大胆试探，而此时如果女人二话不说便狠狠拨开他的手，便有可能重创到男人视作身家性命的自尊心。那些流着口水可劲往你身上蹭的男人固然讨厌至极，然而相信你也会同我有着一样的想法——那些优柔寡断半抱琵琶半遮脸的男人其实更加讨人厌。

所以，在男人主动的情况下，你若看得出他的真诚，自己也对他有隐约的好感，就不要轻易便冷冷抛出"No"来。为了顾全他的自尊，你可轻轻打他一拳，或浅尝辄止地亲一下他的嘴边，说："我了解你的心意，也很喜欢你，只是我觉得现在还不是时候……"这么说，既拒绝了他，又不失委婉，也不至于断了后路，一举三得，多么好。

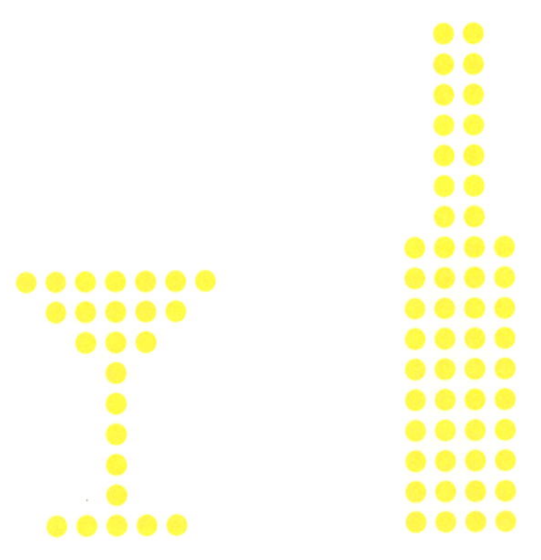

这些时候你该大声地说"给我滚开!"

● 喝了酒就手脚轻浮的男人。平时看着老实木呐，几杯黄汤下肚就开始不知轻重，拉着你的手，不停叨唠："我爱你，宝贝!""你好美!"而在平时，他总沉着脸说："男子汉大丈夫才不把爱爱爱挂在嘴边说。"这些只有借酒力才有勇气说爱的软骨头男人，不要也罢。

● 把爱抚做成家常便饭的男人。只有你最清楚，他对你的每一下爱抚是否都真正带着爱意。把爱抚做得好像挠自己的背一样纯熟自然的男人，在你们分手后，很快便会找到其他替代的女人。试想那些家常便饭一样无意识的爱抚，多么让人悲哀。

● 指甲长，有口气，不勤洗澡的男人。你和你的身体都须得到尊重。爱情不是万能。她能让你一时忍受那个不爱干净的男人，但必定难以长久。因为不在乎你的感受的男人，不可能真正懂得疼惜你。

10 不要害怕对人暴露自己的身体

假设你已开始恋爱。

你们一起喝过茶，看过电影，又吃过几顿饭。晚上他时而会打来电话，和你有一句没一句地说上半天的话。每次分开你都会觉得心里空空的，才转头便又盼望起了下一次的见面。终于在几次试探进退后，你们决定在一起过夜。你的心如鹿撞，又喜又惊。迎他进门之际，你旋即被他上下打量自己的目光弄得满脸通红。在客厅里彬彬有礼的绅士，到了卧室，不知怎的竟变得面目可憎起来……

一片漆黑的房间里，你抱着他，他抱着你，僵持着，白天坐一起能有五百多个话题可聊的两个人，此刻却一句话也说不出来。

终于还是由你打破了沉默："关灯！""不要看！""不行！！"

这些话无异于一钵冰水，倾倒在男人的后脑勺，他的热情之火瞬间被浇熄，只余青烟袅袅着无奈。他哭笑不得地看着又是扭肩又是蹬脚的你，心里面恨道："哼，难道我在强暴你么？！"

当然不是强暴，否则你的反抗不会做得如此欲语还羞。

那么女人究竟是怎么了？我觉得大致有两点原因。一，虽然觉得害羞，但她心里到底还是有那么一点不舍得（真正讨人厌的装淑女），于是同对方形成了拉锯，让他捉摸不透。二，她突然改变了心意，害怕过分亲密的肉体接触，会破坏之前和他那些珍贵的暧昧。

如果说前者是惹人厌，那么后者便是愚蠢了。

我敢拍胸脯，终日里把自己绷得死紧，绝不轻易露出肩部以下皮肤的女人，不会有一个男人会真正觉得她可爱。不要以为他流连在你身体上的目光是在搜寻赘肉（有这样想法的笨女人不在少数），那纯是出于他少年般的天真热诚："我和她在一起，好幸福！"当然，有时他也会在心里嘟囔："原来她的身材也不像穿着衣服时那么好……"但那终究不是主旋律，尤其在他对你心醉神迷的时候。所谓情人眼里出西施，古今都是一样。他若爱你，便会一并爱你小小的胸部、隆起的小腹、粗糙的皮肤。换言之，你若爱他，你也一样会爱他的啤酒肚和茂密的体毛。一声"不要看！！"只能让他的身体和心同时瞬间缩水，到时候后悔不及的还是你。

● “冷……抱抱我……”虽然这句台词听得肉麻至极，但是在转移男人目光上十分有用。男人的保护欲一下被激起后，你的“目光危机”也自然迎刃而解。

● “不要老盯着人家的肚子看么……”你一定要用撒娇的语气说出这句话。有小肚子不是罪过，再说既已被他看见，便没有必要再遮遮掩掩了。干脆把话说清楚，同时露出羞怯的表情，反倒会让他觉得你可爱得不得了。

● “哎哟！我的胸部竟还没有你的大呢！”这与上一条台词同出于一个道理，却更高明，因为它多了一层智慧的自嘲。嬉笑间，“胸部大小又不是生命全部”的哲学被自然传达。如此一来，聪明的他怎会不更爱你？

11 身边常备 可爱好用的避孕套

记得我第一次看见避孕套还是在上大学的时候，那时学校办了一次性知识普及宣传活动，正是在那里，我初次见识了那个“丑家伙”，觉得它们就好像被抹了油的气球一样。然而过了不到两个月，我在一个好友的钱包里偶尔又看到了它。惊煞我！

当时我脑里迅速滑过一个念头：“这个东西怎么可以出现在你的钱包里？”接下来的念头是：“这难道是你的备用品？”再下来便是：“为什么要由你随身携带，这东西不是应该男人准备吗？”一连串的疑问吐出之后，好友逐个回答我：“它为什么不可以随身携带？”“当然是我的备用品，和创可贴一样。”“男人？呵，我信不过男人！”

自那一日起，我对那个好友刮目相看，觉得她实在是个有头脑的女人。

性爱不是单方面的行为。如果始终怀揣着恐惧而期待的复杂心情，便很难真正投入其中。只有带着“分享”的愉悦放松心情，才能真正享受到性爱的美好。避孕套在其中发挥着至关重要的作用。

很多女人担心，在两人干柴烈火一触即发的那一刻，掏出避孕套会让对方反感。那么我又要不客气地发话了：如果你觉得有可能和他发生亲密关系，那就不要老把自己装成一个纯情的处女！其实，只要你平时不给对方以那样的错觉，掏出避孕套的那一刻他还是不会太讶异的。反倒是这样的女人更教人寒心——她一把推开他："没有避孕套也做？不是害我吗？滚一边去！"

为了预防突如其来的性爱，你最好在化妆包或笔记簿的夹层里备好一两个避孕套。不要吐着酒气在夜店的自动售货机上随便购买，而要选择正规的药店，注意看好外包装侧面的生产日期（这十分重要，一旦超过保质期，便不能保证避孕）。如果你仍觉得随身携带难为情的话，那就尽量避免选用封套上印有彪硕的赛马之类图样的避孕套，市面上有许多可爱精巧的套套可供选择，可减少你对其的反感。总之，你要知道，聪明的女人是不打没准备之战的。

如何不那么尴尬地在他面前掏出避孕套

- "记得有次为了好玩备了一个，放哪儿了呢？"说这句话时，一定要放轻松，即使只是故作轻松。
- "上次经过药店门口，他们正好在派发避孕套，就随手要了一个，没想到今天还能派上用场……"同上，话语一定要轻快，若无其事。
- "吼吼！看看我多细心，一早都准备好了！"这句台词可用于救急，在对方错愕的情况下，偶尔厚厚脸皮也不是坏事。

12 不要露出你的狐狸尾巴

不要指望你"辉煌"的过去会给你和他的关系带来帮助。若你用李孝利(韩国著名女艺人。其代表曲《Ten Minutes》讲述了一名女子如何在十分钟内勾引到他人的男友)在那首著名的《Ten Minutes》里的腔调对他说:"那又如何?这一刻我只想享受,人生如此才不会有憾。"他没准心里会想哭。女人要把握矜持与撒娇之间的尺度,这十分不易。但也有佼佼者能将其做成一门艺术。只见她们时徐时疾,密不透风,却始终保持着极妙的分寸,让人欲罢不能。修炼不够火候的女人则容易犯多种多样的错误,让人错愕,导致误会,严重时甚至可给两人的关系带来致命的打击。以下便列举了其中的几个例子。

● 亲吻时将手指插进他后脑的发丛里

如同蜜糖一般甜蜜的吻很容易让人晕头转向,不知不觉身体便脱离了理性的支配,变成一只无头苍蝇,任由感性的翅膀扑扇着打转。无意识中把手指插进他的头发,其实是一种暗号,告诉对方你想要更深入更热烈的亲吻。如果你们尚还处在相互试探的起步阶段,那么亲吻时便千万要管好自己的手指。

● 帮助引导他忙乱的双手

你实在看不下他吭哧吭哧解不开你的胸衣的窘样，于是好心帮忙，麻利地替他解决了问题，一面解还一面朝他身上凑，着急想要的心情一览无余都写在脸上。这样过分的"殷勤"，会让许多男人吃不消。记住，不管有多着急，也务必多等几秒。柴火越是干燥，燃起的火便越是热烈，你的等待会有回报。

● 不分场合的撒娇

男人会非常乐于在私下里看你肆意撒娇，但是一到人前，他又希望你维持温良贤淑的形象。如果你在电影院门口做出床上时才有的娇态，只会让他觉得为难甚至恶心。一切不合时宜不分场合的撒娇，都可能是导致你们分手的诱因。

绝对不可取的行为

● KTV里，抓着电视屏幕，忘情摇头。

● 情人节请他来你家，你全身涂满巧克力，把自己当作礼物送给他。

● 上床前，说："我们再来一杯！我醉了表现会更好！"

● 跟他去旅馆，第一件事便是跑进洗手间，然后喊道："亲爱的！这里好差劲，都没有洗泡泡浴的浴缸嘛！"

13 亲热时不要走神

陷入无意识是件可怕的事。无意识可让你在和他的亲热中，不觉袒露出潜在的情绪。注视着他的瞳孔，却闪过旧情人的影子。这些，不要以为他都看不见。

人们总是不明白一个道理：越是亲密的恋人，相处时越要小心谨慎。爱情开始之际，如烟火璀然燃烧，之后随着时间的推移，降温冷却不可避免，但始终会维持着36.5度左右的温度。如人的体温，虽然不够热烈，有时甚至会忘却其存在。只有分开时，才能深刻体察到它的不可或缺，到那时你的空虚和痛苦也是无可比拟的。

可是很多时候，明明你爱着他，两人在一起的时候自己却总忍不住会走神。人们会解释这是因为你进入了感情的“倦怠期”。如果从某一天开始，你亲吻他变成了一种任务，和他拥抱时也不会有任何的心跳，那么此时千万要避免和他的目光接触。你的眼神会出卖你。你不如把视线转向别处。一方面可以不让他看出端倪，一方面也可以给自己争取思考的时间，以便妥贴地回应他“你在想什么”的怀疑。如果你还是不能集中注意力的话，那么短期内最好不要和他有任何亲密接触，包括接吻做爱在内（哎，需要提醒自己集中注意力的亲热，真不如不要）。有如蜻蜓点水一般的接吻和做爱只会给对方带来侮辱。

无法集中注意力的原因，不外两点。一是你对和他亲密失去了兴趣。二是你在亲热途中总能想起比眼前人更吸引你的人或事。若是前者我无话可说，速速分手吧；若是后者，我便会觉到有些匪夷所思了。既然是那样的话，何必还要和他亲热？要知道，亲热对于爱情的意义有时候甚至超越了婚姻，也远胜过挂在嘴边的"我爱你"三个字。

女人走神时男人这么想

- 牵手时"和我手牵手走路，让她觉得丢脸了么？""她不高兴了吗？"

- 拥抱时"不是只有我一个人觉得开心吧？""她有什么不满吗？"

- 接吻时"今天她不是生理期吧？""我晚上吃过什么了？""她不再喜欢我的亲吻了吗？""她今天在公司被老板训了吗？""她还在为上次我没有给她买皮鞋生气吗？""我昨天偷偷去夜总会的事被她发现了吗？""她怎么老这么硬崩崩的？""我以前的女朋友都不会这样……""真烦，那么今天就到此为止了？"

- 做爱时（只有一个念头）"她和其他混蛋对上眼了？"

14 不要畏惧分手

逐渐淡漠的爱情势必会走向分手。如果你仍深爱着对方，那么分手便无异于在你的心口深深刺下一柄匕首。从今往后，你又要回归到一个人吃饭，一个人看电影的单身生活。从前他为你带来的明媚阳光和甜蜜，瞬时都如海滩上的泡沫，眨眼间便消失得无影无踪。你觉得自己正穿越一条漫长的黑暗隧道。为了减轻痛苦，分手后你应该尽量多地抹去他在你生活中留下的印记。这也是你重获自由的第一步。千万不要中了文艺片的毒，哭天喊地此生非他不嫁。新的感情随时都在下一个街角等着你。

而你们的感情确实已成过去式，你再也不能使用“我们”这个美好的词汇，因为你已不是对于他最特别的女子。有一天，当你路过你们曾经常走的那条路，耳边又响起你和他都喜欢的一首歌。你会觉得心和手都空荡荡的。你突然真切体会到，以后再不会有他温厚的手掌轻抚头顶了。曾经那么爱走的路，此时也似被黑暗浓雾笼罩。

我明白你此刻的心情，也看得到你眼眶里欲坠的泪水。但是，请你务必咬牙忍一忍。失恋是一杯红茶。前味苦不堪言，细品之后的余味却是绵长细密，带着丝丝甜意。自然，对于正承受失恋痛苦的你来说，这样的说法听着有些隔靴搔痒。我不过是想告诉你，治疗失恋的最佳办法便是学会一个人生活。虽然会有很多人告诉你，只有下一次恋爱的开始才能让你真正走出上一段的阴影，但那也要在你独自过一段生活之后才能够发生。不要指望才分手便立时会有王子骑着白马过来搭救，即使有，在你未走出前一段感情阴影、未能有时间好好汲取上一段感情的养分之前，你都有可能重蹈以前的覆辙，在失恋的路上越走越远。

如果你终究难以忘怀前任男友，一天拿起手机好几次，只想给他拨个电话——我劝你对自己狠点心，闭上眼睛深呼吸，毅然丢掉手机——否则，等待你的电话内容无非先是一长串尴尬的省略号和逗号，然后在“我们不是已经结束了么”的冷淡质问里挂断。

何必呢？伤了自尊，又不能改变既定的事实。你为何就不能学会并习惯一个人生活呢？一个人生活不是孤守他离去后的那片天地，而是独自坚强地开辟出一片新天地。塞翁失马，焉知非福。独立寒风的滋味虽然不好受，却是心智成长的最好时节。

失恋后适合一个人看的电影

- 《美丽心灵的永恒阳光》(Eternal Suns hine Of The Spotles s Mind)。爱是灿烂的，离别是残忍的，皆是命运。

- 《花样年华》。时间的流水可冲刷一切。看过之后，你的心绪会变得安静释然。

- 《信》。看过这部电影后，你只想破口大骂："混蛋！你竟想离开我！"发泄过后，你会觉得无比轻松。

- 《情书》。同爱人离别后，看这部电影，眼泪怎能不潸然落下，当你听到女孩在地里的呐喊："你好吗？我很好！"

- 周星驰电影系列。你多久没有开心地笑了？看周星驰吧。一部不够，至少需要看过三四部后，才能逐渐了解他深奥的喜剧哲学。

15 删掉 手机里的他

这年代，交流通讯的开始和结束都只在几个数字的揿按间。如此简单。然而分手后，从手机里删掉前任男友的号码、短信及照片，却又总是那么的困难。你总想给自己留下一点可回忆的印记，这是人之常情，不足为怪。每个人的记忆方式不同，所敏感的事物也各有不同。有的人是对数字，有的人是对图像图形，有的人则是对声音和气味。对数字有着极好记忆力的人，忘记爱人的脸孔、声音甚至他做过的一切之后，却能始终牢记着他的门牌号和车牌号码。分明是毫无意义的数字罗列，却总能让人在触目的瞬间跌进记忆的深渊。对气味敏感的人，一旦闻到从前爱人常用的香水味，不管在百货公司还是商务派对，人都会像被闪电击中了一样，恍惚良久。

对长相动作记忆深刻的人，看到同从前爱人长相相仿的男人，便会不由自主想接近；看到别人转动咖啡杯时手指的模样，开车时的侧脸，都会勾起记忆里那个曾经亲爱的人。呵，记忆是多么强大。一瞬间你什么都记起了：圣诞前夜，你坐着3382号的灰色汽车，来到了他的1508房间。他身上散发着保罗·史密斯的香水味，让你如痴如醉。你长久注视着他咬着下唇的侧脸……

所以，千万不要以为手机里储存的号码只是一串单纯的数字。它们总有一天会让记忆的野马脱缰，将你整个人吞没。然而，明知如此，仍一意为之又是为何？原因很简单：你害怕的不是自己会忘记他，而是他忘记你。看着电话号码，从前的短消息及照片，你会产生错觉：他或许也会这么地回想起我，或许对我也会有不舍。

男人是自尊心极强的动物。他们可以一面心里流着眼泪，一面冷冷地转身走人。不要幻想他也会像你一样，不时会记起旧情人。笨女人，放开手吧！不要再盼望收到他问候的短信，不要总是神经质地查看手机，生怕漏接了一通电话。就算你把屏幕看穿，他的名字也不会出现。

分手后你每天对着手机自言自语默默流泪的模样，他是不会知道的。与其让自己沉溺其间，心情荡到谷底却无人问津，倒不如现在就勇敢丢掉那劳什子的手机。真正学会自尊自爱后，你会发现整个世界已变得大不同。

现在就删除手机里的他

- 第一步，打开手机。快！

- 第二步，他的电话号码还留着吗？

- 第三步，是否还长久保存着他的语音短消息？

- 第四步，手机里是否还存着他的照片？

- 第五步，邮件箱里是否还保留着你们最后一次对话？

- 第六步，是否有录音的通话内容？

- 最后，到了和他说再见的时候了。勇敢地按下“删除”键吧！

16 不要刻意改变发型

除去形象一日三变的女艺人，普通女人一年内平均改变发型的次数约为3~5次。稍长了，便去修一修；看得厌了，便做个卷发。不知不觉三百六十个日子如水过去。只有恋爱中的女子为了讨得男友欢心，才会把美发店当家一样，三天两头跑得欢。单身女子为了吸引异性的关注，有事没事也爱往美发店跑。刚失恋的女子呢？事实表明，很多人都会在这个时候选择花大价钱彻底改变发型。花钱和外形改变都能给人带来快感。

听着耳后的发丝被剪断时发出的"喀嚓喀嚓"声，你闭着眼在心里怒骂："哼，这个坏蛋，我要把你忘个一干二净！"待睁开眼的时候，你看到镜子里一个完全不同的自己，不觉精神一震，复又觉得生出了自信："我一定要变得更漂亮，和更帅更好的男人恋爱！"如果改变发型后你能够这么想，我会赞许地点头。毕竟，用金钱换来自信也是好的。

有一件事很有趣。如果转型不成功，换作平时，女人定会大呼小叫折腾许久，而如果此时她正处于失恋状态，便可能对此无动于衷。为什么？因为她要的是"变化"本身，除此之外一切细枝末节都可不顾。

OK，你终于把清纯的娃娃头换成了刺激的爆炸头，当时的确会觉得很爽，然而不出多久，你便开始厌倦了；你终于剪掉了他曾经最爱的瀑布般的长发，可是很快你便想念起了自己从前的模样——于是，你绕了一个偌大的圈子，又回到了原地。

好了，不要再做无用功了，如果你想让全世界人知道你要改变，那么就从改变你的表情开始吧！发型是改变还是维持原貌，都不重要。真正好的改变在于你开始整理自己凌乱的房间，收敛起糟糕的神情，减掉几斤由暴饮暴食而来的赘肉，改掉那些和他在一起时养成的习惯……如果你一时做不到，也没关系，但你一定要做到时刻爱自己。

失恋的故事几乎发生在每个人的身上，一点儿不算什么。不必把它看得过重，更不必让自己扮演悲剧女主角，每天苦着一张脸示人。

● 不要把失恋写在皮肤上。他走后，你每天重复着同一个问题"为什么"，以泪洗面，夜不成眠。笨女人，人都走了，快不要再哭了。赶紧去给你干燥的皮肤做个补水面膜吧。失恋后仍能让自己容光焕发的女人才是有前途的女人。如果你不想把"失恋"两个字写在额头上示众，那么从现在就行动起来吧！

● 整理衣柜。穿回你要的自己，再不要为讨他欢心而违心穿自己不喜欢的衣服了！

● 购入一些凸现身材的内衣。穿着合身服贴、材质一流的内衣会让你信心倍增（注意一定要整套穿着哦）。

● 做些轻便的运动，增加活力。准备一条瑜珈垫，每晚做几个简单的伸展运动。千万不要小看这些简单的伸展运动，它可以让你每天都容光焕发。

17 绝不在喝酒后给他打电话

啊，这是一个多么经典的命题，怎么说也说不够呐。男人女人都喜欢在微醺后给人打电话，目的却各有不同。男人这么做，十有八九是为了和你上床。虽然口口声声："我现在还爱着你……想念你……过去我亏欠你太多……"甜言蜜语永远不会嫌多，尤其是用来骗你上床的时候。说到底，无非是为了一个字"性"。而蠢笨的你却动了心，欣然赴约，同他做一场重修旧好的美梦。第二天早晨，你醒来，他却不在。接着你收到一条短消息："昨晚喝多了，不好意思……我保证以后再不会发生这样的事了。"

女人喝酒后给男人打电话又是为了什么？很简单，多半是出于对其未尽的"留恋"。

然而，酒后吐真言这件事，用于表白尚还可行，却不适用于业已分手的男女。但凡借了酒气，说出的话都会被打折扣。再是发自肺腑，对方也至多只能听进去一半。

可是你偏又握着听筒喃喃说个不休，喘着粗气，醉态毕露。哎，又何必为难那个早已和你没有了干系的男子呢？你不过是想找个人温柔地拍拍自己的背，那你何不挂断电话去洗个热水澡呢？一个热水澡给予的温暖也多过电话里的那个男人所能给你的。如果你终究还觉得他有什么话没有跟你说（比如"到现在我还挂念着你……"之类），所以你今天非要握紧拳头听他亲口说出来不可，哎，那我劝你干脆再多喝点，待到醉得不省人事后，彻底丢掉这个不切实际的傻念头吧！

K一喝酒就会给前男友打电话。后来，那个可怜人被K折磨到不得不放出狠话："你再给我打电话，我就报警告你骚扰！"（对不起，K，我知道平时的你其实是一个很通情达理的人。）然而有一天，她酒后居然给我打来了电话，我讶然道："你不是已经给他打过电话了吧？"她却在电话那头凄凄然诉道："我好寂寞啊……我只想找人说说话……再给那混蛋打电话的话，他又要威胁我……妈的……所以你知道我怎么着吗？我就一遍遍给自己的手机发语音短消息，听了删掉，再发，再听，再删……我竟是这样的寂寞……怎么办……"

一通电话听得我也凄凉起来。所幸现在的K已经找到了驱解她寂寞的白马王子，两人一见如故，后来奉子成婚，生活甜蜜。现在K只会在丈夫晚归的时候拨去电话："你在哪里？人家很寂寞……赶快回家啦……"

可喜的是，此时的寂寞，已大不同于从前的寂寞。

TELEPHONE

男性深恶痛绝的骚扰电话

● 在方位不明的某处打来的电话。她在半夜给他电话，一听便是喝得酩酊大醉的声音。她说自己打车回家，迷了路，钱包也不见了。“你快来接我！”她的语气不容置疑。

● 不间断的短消息骚扰。他终于难以忍受她的短信谩骂，于是关掉了手机，结果第二天重新开机时，一连收到了二十多条短消息，从“你竟敢关机，找死啊”到“对不起，我疯了……”等，五花八门，不一而足。

● 总不死心。她会有一天突然打来电话，你们客客气气地聊了一会儿天，原以为大家终于可以好好地做个普通朋友，她却突然问道：“你还爱着我吗？从前我们是真正爱过的吧？”

● 幽灵一般的电话追踪。她会在凌晨三点打来电话：“你睡了吗？抛弃了我，你竟然还睡得着？你这个狗娘养的！”中午时，她的电话再次追来：“你在吃饭？我想你想得茶不思饭不想，你竟然还吃得下饭？”

18 不要盲信电视节目

虽然恋爱的目的是"爱"，然而对于韩国大多数的女性来说，恋爱的目的仍是"结婚"。当你经历了爱与被爱，聚合与分离之后，也到了该定终身的时候了。

打开电视，有关婚姻的节目比比皆是，最近有一部名叫《爱与战争》的节目，是我比较爱看的。

在离婚率不断上扬的今天，《爱与战争》给未婚人群展现了婚姻生活的种种危险和误区，并且介绍一些模范夫妻的恩爱秘诀。然而不知怎的，每每看过之后，都会让人对婚姻生活悲观起来，不由发出唏嘘：竟不知其中还有那么多的变数和险境！在我看来，如此过度地夸张夫妻不和的电视节目十分不可取。虽然有人说，生活要比小说电影更加戏剧化，然而像《爱与战争》之类的电视节目，已经超越了戏剧化的范畴。它通过对未婚者、亟待离婚者及业已离婚者等人物的残忍刻画，演绎出了一部"婚姻吃人"剧。

我建议女性观众们下次看此类电视片的时候，对其中分析婚姻弊端的论调大可一带而过，左耳朵进右耳朵出便是了。婚姻观人人不同，每个人对婚姻的体验也是冷暖自知。就算你最好的朋友婚姻失败，你的婚姻观也不该因此而受到影响；就算你父母婚姻破裂，也不意味着你的婚姻也会出现同样的问题。总之，成熟的婚姻观应是不为外人左右的，独立且乐观的。

所以，像《爱与战争》中演绎的不美满婚姻故事，你看看便罢，千万不要当真以为自己的婚姻也会上演同样的情景。

《爱与战争》后遗症

- 一和男友吵架，耳边便会响起那句著名的台词："你需要有四周的调整期。"去他妈的！

- 想和男友分手或有不开心的事发生时，眼前便会浮现出演员沈永和郑爱黎相对无言的郁闷场景。

- 还没有结婚，便已得出了这样的等式："结婚=争吵的开始"。

19 结婚是现实 不是穿婚纱过家家

你有时或许会幻想这样的一幅场景：清晨的阳光透过白色纱质窗帘渗进房间，鸟儿在窗外若有若无地哼唱着歌谣。一个女子娇慵地睡在一张白色的大床上，细密的发丝披散在枕上，却没有丝毫的凌乱，她的脸上也没有一丝隔夜的油腻。这时一个男子推开房门进来，端着的托盘上放着咖啡、吐司和腌肉蛋。男子温柔地看了眼睡梦中的娇妻，小心地拉了拉窗帘，生怕阳光吵醒了爱人。女子到底还是睁开了眼睛，娇羞地一笑，伸了个可爱的懒腰，男子歉意地吻了吻她的脸颊，说，不好意思，弄醒你了，怕你肚子饿，于是简单做了些早饭。女子又笑了，眼里满是爱意和感激。男子松下口气，端起咖啡走近她……

写到这里，我不觉长长地叹了口气。

如果以上的情景是事实，那真称得上是花好月圆幸福美满啊。可惜现实生活中如此的婚姻真是少之又少。自然，结婚纪念日当天，或丈夫犯错后决定将功补过时，或许会惊鸿一现。即便如此，很多“公主们”想像婚后生活时，眼前出现的十有八九仍是以上描述的那画面。除此之外她们还会幻想丈夫一直爱自己，两人相亲相爱白头偕老；期待着到老时，两人的皮肤一接触，仍会有心跳的感觉；想像着家里永远散发着迷人的紫罗兰香气，浴室里放着两人共浴时使用的沐浴露和精油，阳台上晾晒着一式一样的情侣内衣和T恤……哎，多么美好的一场梦啊！

公主们，婚姻可没有你想像得如此浪漫！保持两人之间的感情不降温更是难上加难，一直高调爱恋的夫妻几乎是不存在的，只有那些铭记着初见时的激情，并在日后平淡的生活中创造出淡淡温情的夫妻才能体味到婚姻真正的幸福和甜美。如果你正处在谈婚论嫁、憧憬未来的阶段，那么请不要只顾着操心那袭婚纱，冷静而现实地思考一下你们婚后的生活吧。

婚姻本身并不是爱情的升华，只有充满责任和义务的婚姻才能让爱情的花朵历久弥新。

结婚以后才发现

- 原来妻子也会打呼噜。
- 结婚前不知道他爱放屁，婚后竟在他的内裤屁股上发现了一个小洞。
- 有时会打心眼里讨厌丈夫吃饭时狼吞虎咽的样子。
- 那个岔开腿一边看电视，一边挠着大腿内侧的女人竟是自己妻子。
- 妻子的衣服都是来自专卖店，自己的衣服却总似来自地摊。

20 不要在意所谓的“婚龄”

我有一位四十四岁“高龄”的前辈马上要结婚了，对象是一个三十才出头的男子。据说两人在一次研讨会上碰面，很快便擦出了爱的火花。看着如今前辈脸上绽开的甜蜜笑意，我不禁想，从前那个把单身生活过得有声有色的独立女强人，一转眼竟也成了一个依人待嫁的小女人。真是世事难料啊！

其实，所谓的早婚和晚婚，都不应以年龄作为惟一的判断标准，而更应该考虑到双方心理与人格的成熟度。如果心理及人格尚未成熟，即使四五十岁结婚也算是“早婚”。而只有那些有着明确的价值观及对婚姻有着慎重看法的人，才算真正进入了“婚龄”。人们总容易因为世俗意义上的“婚龄”而乱了自己的步伐。很多时候，自己想做的事，尚未实现的梦想，往往就为了一个劳什子的“婚龄”，便成了水中花镜中月。

你苦恼不已：我至少该在二十六岁的时候结婚，那样的话，是不是就该延迟自己去日本学漫画的计划？我到底能不能遇到一个支持我梦想的白马王子呢？如此一来，你把所有的心思都花在了寻找那个能和你在二十六岁时结婚的男子，不知不觉地，学习计划被无限期推延，Mr.Right却仍迟迟不出现。

你是那么的焦急烦恼，可又能怪谁呢？结婚是一件慎重的人生大事，却不是人生的全部。任由浪漫思绪牵引的婚姻是空中楼阁。对待婚姻，你应同时具备大象步伐一样的稳重，以及狐狸尾巴一样的灵活机动。二十七岁，这是我喜欢的两位摇滚歌者Janis Lyn Joplin和James Marshall Hendrix(前者是著名摇滚女歌手，后者是摇滚史上著名的电吉他天才，两人都在27岁那年由于嗜酒，服用过多麻醉药物而死亡。—译者注)谢世的年纪，为了纪念他们，我曾在大学时候握拳对自己说："好吧，我就在二十七岁那年结婚吧！"

各位见笑了，可是当时我对那个决定是非常认真的。转眼进入社会，二十七岁也近在眼前。我开始焦灼起来。然而现在想想，当时自己的焦虑完全是不必要的。因为那时的我，身边既没有合适的男人，也没有做好任何有关结婚的心理及物质准备，

总而言之，二十七岁绝不是我恰当的婚龄。长辈们或许有时会语重心长地对你说：女人想要结婚的时候便意味着你到"婚龄"了。乍一听很有道理，但是你须知道，长辈们所谓的"想要结婚的时候"，往往指的是女人看见年轻男子尚会脸红的二十岁！

在这些时候，你可判断自己已到婚龄

- 非常非常爱他的时候。如果你觉得不和他在一起的话，以后的生活定会天日无光，如果你自觉以后再不会出现像他这样的好男人——那么，结婚吧！抓住他才是当务之急！

- 对男人的价值观改变的时候。你开始在意自己的存折，也明白男人并不总能给你挡风遮雨——好，你已懂事了！现在结婚也无妨。

- 你怀上了你爱的人的孩子。怀上了他的孩子，一心只想着生下孩子，做一个好妈妈——呵，你已深陷其中。废话少说，赶紧商定婚期吧！

21 结婚，大胆说出你讨厌或喜欢的理由

大家闺秀S前不久与一位公子结了秦晋之好，两人蜜月旅行回来后，我们便蜂拥着去他们的新房开暖房Party，却是以祝贺之名，行三八行径。我们把S堵在卧室，追问新婚之夜的细节。S仿佛早有准备，绽开笑容道："姐妹们，现在我是死也无憾啦！"说完大家笑作一团。当年那个苦苦坚守着最后一道防线，坚持不在婚前做爱的S，到如今终于迎来了一段美满的婚姻。

我还有一个女朋友J，因为不满意韩国的婚姻制度，便指天发誓：如果不能嫁出国门，便甘愿一辈子单身。自那以后，她对身边的本国男人一律熟视无睹。随着身边朋友都陆续出嫁，开始不断有婆媳不和、养儿育女苦恼之类的抱怨传到她的耳里，她的决心也因而更加坚定了。

终于，她在留学时遇到了一个蓝眼睛的男人，"就是他了！"J在看到他的瞬间便在心里惊呼道。两人顺理成章地坠入了爱河，他们的恋爱也很快修成正果，共同携手走进了婚礼的教堂。如今J在加国生了一个儿子，生活幸福。J的事例让我感慨万分，原来结婚这件事也是需要原则的啊。

婚姻不该是慌慌张张的赶鸭子上架，也不应是爱到死去活来后的必然。对于婚姻，我们需要更多现实具体的考虑。单纯地宣言“我要结婚”或“我不结婚”，并不能作为判断“结婚至上者”和“独身主义者”的标准。如果你想结婚，那么给出你想结婚的理由来！如果你不想结婚，也请说出一个单身的主张来！

如果你想要小孩，却不那么想结婚，但是考虑到未婚妈妈难容于韩国社会这个事实，权衡之下，你该为小孩选一个好爸爸；如果你害怕一个人孤独地老去，所以才选择了婚姻，这个理由也很充分。只是也要做好对方早走，终究还要一个人老去的思想准备，为此你还需要做好必要的经济上的准备。

作为不愿意结婚的理由，最常见的是“已经习惯了一个人的生活”。很好，只是你须有自信能够抗得住生病时无人端茶倒水，老来无子孙承欢膝下的寂寞；如果你不愿意为了丈夫子女而牺牲自我，那么你便需要不断丰富自己外在和内在的世界，把一个人的生活过得精彩有味。

总之，只有思路清晰，才能为下一步做好准备。这时候，你或结婚，或单身，都与人无忧。而那些稀里糊涂地叫嚷着结婚或单身的人，却往往不能遂其所愿。

男人在这些时候想结婚

● 酒醉后的第二天早晨，头痛欲裂，却还不得不自己照顾自己。他开始想念妈妈煮的豆汤。

● 在朋友小孩的百日宴上，看到乐融融拍摄全家福的一家子。

● 年终结算时，发现自己竟已花了数千块在红包上。

● 突然发觉自己在夜总会时已不再搭理小姐，而更愿意一个人埋头喝酒。

● 二十四小时都想和女朋友在一起，春宵苦短。

22 爱美无罪

暂且不论你是否要结婚，作为一个女人，都应该打点好自己的身材和脸蛋。

古人的《美人道》道出了那时美人的标准：微鼓的双颊，宽厚的臀部，厚实的手背，如刀削般尖细的指尖，凸出的额头，细长的双眼及樱桃般的小嘴。很难想像符合以上标准的美人在如今也能照样颠倒众生，时代在发展，人们对于美人的标准也在不断地更新，到如今，连"标准"两字都鲜有人提及了。且看近十年间里大韩美女的代表人物：崔真实、李英爱、李孝利、宋慧乔、韩佳音、金泰熙……各人有各人的美，要从她们身上归纳出一个当代美人的标准，还真不容易呐。换言之，这是一个崇尚"多样美"的时代。即便如此，女人对美的追求仍是始终的主旋律。

不管是谁，看见美丽的事物，心情都会自然变得舒畅起来。爱美不仅无罪，而且还可算是人类社会的一项传统美德。

而一旦盲目追求他人眼中的"美"，问题便出现了。你省吃俭用做整容手术，含着眼泪忍着疼痛去做抽脂，取悦了他人，却苦了自己。但如果你苦得堂堂正正，也终究换来了美的报偿，便不算什么。最怕你一面想变漂亮，一面又生怕整容的事实被人发现，遮遮掩掩，多么没有自信。

做手术又如何？我承受得起物质精神肉体上的一切负担！——你本该扬起头，大胆自信地对别人如此说道。

我有一个朋友，销声匿迹了一个多月后出现，面貌焕然一新，一问才知她动了削下巴的手术。我有些吃惊，她年过三十，一直以来相夫教子，生活稳定，为人又低调，真不像是会做整容手术的人呐！

"虽然我在人前笑容可掬，可是有时总忍不住担心，对方会不会注意到我过长的下巴？这么一想，不论工作还是生活上，都少了许多自信。我的工作能力一点不比人差，单因为容貌而少了自信真正划不来，于是我同丈夫商量整容，他也很快赞同了我的决定。"我的朋友如是说道。

听完，我打心眼里替她开心，佩服她熬过手术疼痛的坚强，也赞叹她堂堂道出整容原委的自信和勇气。

不是所有漂亮的女人都有魅力，也不是所有自信的女人都迷人，只有兼得两者的女人才可放出耀眼的光芒。而从某种意义上来说，美貌和自信往往是成正比的。也有统计表明，漂亮的女性要比不漂亮的女性个性更开朗，思考方式更为灵活开放。所以换句话说，追求美貌也是为了追求一个更为积极向上的自我。何乐而不为呢？

整容手术后的注意事项

- 鼻子。鼻子动过手术后，往往容易会变得干燥，所以准备一台加湿器是十分有必要的。痒的时候不要使劲去挠，除非你想拥有一管和麦克尔杰克逊一样的“朝天鼻”。

- 下巴。手术后至少需要一个月的休整期，在这期间，伤口处会不时渗出血水，所以最好避免外出。另外，你也需忍受这一个月的痛楚。

- 双眼皮。相比较而言这是最简单的一项整容手术，虽然手术后眼皮会稍有肿胀，但过了一段时间后即会变得自然。不过睡相较差的人须注意不要在睡梦中挠眼皮。另外还有一点，心脏以上部位动手术后，恢复期间容易充血，所以睡眠时应选用较低的枕头，以防充血严重而造成肿胀。

23 锻炼出美丽的背和脖颈

纤细而白的脖颈，肩部至腰部柔软的曲线，这些都是老天赐予女人的绝妙礼物。可以说，女人的脖颈和背部要比五官更具吸引力，动静之间，魅力无穷。

而脸蛋的年龄可以掩盖，脖颈却不能够。脖颈上的千沟万壑，再昂贵的化妆品也难以修饰。女人过了四十，脖颈的皮肤在重力的作用下会变得松弛，这十分正常。但是如果你二三十岁时就开始拥有这样的脖颈，便需要好好反省一下了，否则，只能眼看着自己的魅力指数在一夜间一落千丈。

为了塑造美丽的脖颈，最基本的一点是，每晚为脸孔涂抹护肤品的同时也要照顾到脖颈部分。另外，平时多左右拉伸脖颈，维持其紧张和弹性，如此养成习惯后，突然有一天你会惊喜地发现，原来自己也能拥有如天鹅般颀长迷人的脖颈。

诱人的背影来自背部线条的优美。人在自信心不够、受挫折或受伤后会不自觉地弓背，整个人也会因此显得愈加萎靡不振。所以不论何时何地，都要有意识地学会抬头挺胸。同时从现在起，每周做三次伸展运动，每次三十分钟以上，这将对塑造迷人的背部曲线大有裨益。

塑造脖颈及背部曲线的五分钟伸展运动

- 脖颈运动。在坐公车或与人交谈时，不时前后左右拉神脖颈。这不仅有助于解除疲劳也有助于脖颈线条的塑造。如果你用力低头时感觉到疼痛，说明你的压力过大、精力不够；反之，如果你用力抬头感觉到疼痛，则说明你睡眠不足。

- 肩膀及背部运动。两手插在后腰，用力收肩挺胸。做这个运动时，胸部会如维纳斯一般地挺起，所以做时不能够不分场合。连续做上几组后，你会明显感觉到肩膀和背部放松的感觉。最后，平时走路的时候，挺起你的背来！

- 解除颈部肌肉紧张。随时用手掌按摩后颈。这有助于解压，缓解颈部肌肉的紧张，并防止颈部曲线在长期工作后变得不匀称。之后，换用手指用力按压相同部位。

24 不要相信怎么吃都不胖的说法

你和朋友一起去逛街，你使劲憋气也提不上一条牛仔裤的拉链，而身边试同样裤子的朋友却轻快地对售货员说："这条太松了，麻烦给我小一号的。"朋友在每个店铺都能极轻松地找到漂亮的衣服，而你却不得不每次小心翼翼地拿着样衣问售货员："这件有大号吗？"

你恼火得只想打人。然而，这又是谁的错？是朋友吗？当然不。要怪也要怪那个不能够抗拒夜宵和零食的自己，要怪麦当劳的汉堡和炸鸡腿，还有那个总给你送比萨的快递员。

苗条的朋友怎么穿都好看，怎么吃都不胖。惟独你，连喝水都长肉。明明晚上吃的是一样的东西，第二天脸浮肿起来的那个人却必定是自己。你开始嫉恨那些怎么吃都苗条的朋友。然而时间一久，你变得认命了，对体重计上的数字也麻木起来。你自我安慰道：吃多少饭长多少肉才是正常，像朋友那样怎么吃都不长肉的才不正常。

即便如此，你的自信心还是好像骄阳下的冰块，不停溶化，终于消失不见了。"都是别人的错"是最要不得的观念，赶紧检视一下你的心，如果存在着这样的念头，那么赶紧丢掉吧，它对你有害无益。

每次乘坐火车飞机时，你应该为自己肥硕的身体而对邻座产生歉意；常去的健身俱乐部里的跑步机出了故障，你应该担心那是否是自己弄坏的。适当的危机感和紧张是必要的。与其有时间嫉恨埋怨别人，不如用那些时间来历练自己。煮豆腐，做低热量的蔬菜沙拉，在瑜珈毯上曲展身体，入睡前蹬一百下自行车。如此坚持过一段时间，你会发现自己的身体和心情都变得轻快了。

苗条女子怎么吃也不胖的原因

- 自我节制。她们深知自己的美丽之处，为了维持下去，她们暗地里铆足了力气。

- 控制进食。在外大快朵颐，回家后却只吃玉米。

- 锻炼肌肉。她知道自己集万千注目于一身，浑身的肌肉时时刻刻都处在紧张的状态下，如此一来，自然不会长肉。

- 危机感。一旦看见比自己漂亮的同性，便会产生危机感。

- 对自己苛刻。绝不允许自己对脸蛋和身材哪怕一丁点儿的放任，小小的肚腩，都会让她们忧心地无法进食。

25 不要因为胖就只穿宽大的衣服

我最胖的纪录创造始于高二的寒假，那时的体重整整比现在重了十公斤。一面是必须用功读书的压力，一面是对于考完试后疯玩一场的期盼，两面夹击，便夹出了一个暴饮暴食的自己。那时我每天在学校要消灭掉四盒250ml的牛奶，回家后还要一气灌下500ml，加上夜宵，几乎每晚都会心满意足地抱着一个滚圆的肚子入睡。

迟钝如我，直到来年开春才发现自己体重的激增。对着那件扣不上纽扣的外衣，以及一条无论如何也穿不进的牛仔裤，我完全傻了眼。后来只得重新购衣，为了遮掩丰满的身材，这一次我一律都买了宽大的衣物，直把自己穿成一个圆桶。然而才过了一个月，原本宽松的衣服又变得合身起来。母亲见我气急败坏，连忙过来宽慰："别着急，进了大学自然而然就会瘦了。"（现在想想母亲这句安慰真具欺骗性。）

看着镜子里好像发面馒头一样的自己，真是气馁，连新衣服也打不起精神去买。每次逛街都是一个受打击的过程，店员老远看到我，就会挥手道："对不起，这里没有您的尺码。"言下之意便是："你根本不必看了"。一气之下，我给自己买的衣服不觉又大了一个尺码。肥大的工装裤替代了牛仔裤，大T恤替代了无袖衫。我的个子原本就不算矮，加上这么一身装束，更是显得高大健硕，背影活似一个发了福的中年大妈。

哎，现在想来当时的自己真是个傻瓜。竟不知身材会随着衣服大小而自动调节的道理。宽大的衣服把赘肉都藏得好好的，危机感没有了，只会让自己继续增肥。而合身或稍小的衣服（不是那些崩得人不能喘息的紧身衣）一方面会在视觉上显瘦，另一方面也会给你减肥的紧迫感，看见美食也不会轻易动心。

另外，身材脸蛋和人一样，也需要赞扬。如果你每天看着镜子里的自己说："好漂亮啊，我真漂亮！"你真的会发现自己变得越来越漂亮；相反，如果你每照镜子势必愁眉苦脸："我好胖啊……"你便会越来越胖。

好吧，从今天开始，扔掉那些宽松的衣服，换上合身漂亮的衣物，带着紧迫感，每天爱自己多一点吧！

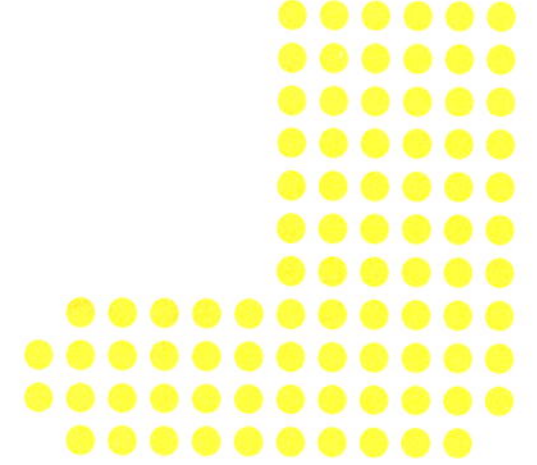

cookie

胖女孩需知

● 轮流换穿高跟鞋和平底鞋。不要相信穿高跟鞋能减肥的说法。长期穿高跟鞋会使你的腰和骨盆受损，肌肉变硬，以后真要减肥就不容易了。轮流换穿高跟鞋和平底鞋，时紧时松，对腿和脚的健康也是有益的。

● 耳环OK，戒指NO。尽量不要佩带小巧的耳饰，你应该选择大而简洁的款式。前者会另你的脸显得更大，后者则会在视觉上使你的脸变小。但是，千万不可以选择那些过分夸张的饰物，那只会适得其反。至于戒指，还是能省即省。想想，一只嵌在肥嘟嘟肉里的戒指，有何美感可言？

● 强调腰部，露出脖子。身体不匀称要比肥胖更可怕。即使腰上有赘肉，也不要穿肥硕的衣服试图掩盖。你应勇敢地选择那些强调腰部线条的衣服，堂堂地告诉别人：我也是有腰的！不要因为脖子上的褶皱而总穿高领的衣物，那只会让你显得更加笨重。遮掩脖子上褶皱的最好办法便是大胆地露出脖子，并有意识地抬高下巴，时时保持下巴及脖子的紧张。

26 不要只知道刮腿上的体毛

不时在街边可以看见这样的女孩：穿着漂亮的短裙，却露出体毛茂盛的小腿，或隔着鱼网袜也看见其倔强的腿毛。我总替这样的女孩叹息，再美丽，也终究会被打个不及格。

别以为男人都是马大哈，不会注意到这些细节。记得以前看外国电影，常会出现这样的镜头——即将赴约的美女透过窗口看见楼下男友的汽车，掩口惊呼："天哪！麦克！我还没有剃腿上的毛呢！！"每看到这里，我就忍不住疑惑，约会前为什么要剃腿毛呢？后来才知道这竟是比化妆还要重要的约会准备，为何？答案很简单，只有重视细节的女人，才能让人记住并喜欢。

科技发展到今天，一次小小的手术便可除去周身的体毛，一劳永逸，再不用每次约会前都费力剃毛。只是技术再发达，有一处的体毛是怎么除也除不尽的，那便是鼻毛。白白净净的脸蛋，鼻孔却总不经意会钻出几根调皮的毛毛——没有一个男人会以为这很可爱。

固然，不同的男人对女人也有着不同的要求。但是有一件事可以肯定，便是男人决不能容忍女人外露的鼻毛。你定期护养头发，不时变换发型，也会把手臂小腿以及腋窝的体毛剃得干干净净，但是为什么就不能给鼻毛多一点的关注呢？任凭它们在透气、营养丰富、湿润的绝好环境里茁壮成长，每天洗脸化妆时，你竟可对此视而不见？真让人匪夷所思啊！

切记！每天出门前务必站在镜子前，抬头三十度，检查一下你的鼻孔。如果你发现有一根冒出来了，千万不要偷懒试图用指尖把它塞回去！赶紧找一把小剪刀，把它毫不留情地减掉！更不要抱着侥幸心理，觉得那么一点点小玩意别人不会发觉。要知道，腿上的毛可以穿裤子遮掩，露出鼻外的毛——除非你天天戴面具——绝对是无处遁逃的，每个走近你的人都会看得清清楚楚。想想看！

除毛须知

- 永久除毛法很简单。你只需去一趟医院，接受局部麻醉后，躺着一面嗅闻皮毛被烧焦的气味，一面在心里偷笑："明天起我就可以光着腿穿迷你裙了！"未等你念够十遍，手术便结束了。不过麻烦的是，为了达到更好的效果，这样的手术需要在一个月里进行五次到六次。所以最好还是选择在皮肤暴露频率较低的秋冬季进行。

- 蜜蜡除毛。取大约一匙量的蜜蜡，将它均匀地涂在事先准备好的干净布上，过一会儿后用力撕掉布就可以了。这个方法虽然要比剃刀除毛有效得多，但是你需要忍受火辣辣的疼痛，那滋味可不是闹着玩的啊。

- 镊子拔毛。到现在你还在用镊子拔毛？快住手，那只能让你的体毛越来越具生命力。如果你不想拥有一身泰山一样粗黑油亮的体毛，那么赶紧扔掉手里的镊子吧！

- 蜜蜡除毛后一定要涂抹保湿霜不管你是除手毛、腿毛还是比基尼线毛，每次用蜜蜡除完毛后，务必都要涂抹一层保湿霜。因为拔毛的同时，汗腺里的水分也会同时被吸干，皮肤也会因此变得干燥，保湿霜是必须的。

27 比衣服、包包、皮鞋还重要的丝袜

大约在十年前，那时的男朋友有一天突然问我："你为什么那么不讲究自己的丝袜呢？"

我纳罕不已，丝袜？我的丝袜既没有破又没有松垮得像裤子一样，凭什么说我对丝袜不讲究呢？再说了，丝袜不过是装束的一个小环节，用得着那么小题大作吗？于是，男友开始给我解释："你们女人真奇怪！迷你裙穿得那么漂亮，里面配的丝袜为什么每次总是咖啡色？虽然我不喜欢你穿那么短的裙子，但是既然穿了，何不连袜子也一起穿得性感些呢？你看你看，"他指着我的丝袜说："今天又是咖啡色！还有配的皮鞋也永远是高跟鞋……"

当时他的一席话让我听得火冒三丈，不过事后想想，他说得其实很有道理。人常会犯一些因小失大的错误，穿衣打扮也不例外。丝袜、皮带等配件往往会对整体的服饰搭配产生至关重要的作用，一双差强人意的丝袜所造成的破坏力不容小觑。即使过了十年，我那位前男友对于时尚的理解也一点没有过时。虽然事后我还是没办法把丝袜穿得登峰造极，但每每看到那些很会挑选丝袜的女性，都会在心里大加赞赏，同时也会不由自主地跟着学。

记得有一年，我偶然间邂逅了一位韩国小姐出身的女艺人，她为褴褛的牛仔短裤配了双色彩斑斓的长统丝袜，看着实在生动奇趣。于是我也照葫芦画瓢，学习她的打扮（直到有人小心翼翼地问我，是否对社会有不满）。虽然始终穿不出她的味道，但不可否认的是，一双小小的丝袜便能使平凡的装束一下子"活"了起来。

昂贵的套装、平淡无奇的皮鞋、四平八稳的皮包……实在乏味得很。套用一句时尚达人的话来说："按照你穿衣的顺序来决定对其的重视程度。"穿衣顺序因人而异，但是大致该是差不多的。即"内衣－背心－连衣裙或衬衫－丝袜或短袜－短裙或裤子－外衣－包－皮鞋"。按照这个顺序，丝袜的重要性亦是可见一斑。

时尚达人的其他忠告

- 混搭衣物时全身不应超过三种颜色。时尚千变万化，但最基本的还是两个字，搭配。颜色的协调便是其中最重要的一点，千万不可把自己穿成一块调色板。

- 小处出彩，大处保守。外衣最好选择大方简单的款式，但是皮包、皮带等小处的适当"出位"反倒会令你的整体形象焕然一新。

- 选择衣物时须注意细节。看见中意的衣物，一定要在仔细察看纽扣、袖口、衣领等细节后，才询问是否有合适的尺码。一见钟情马上掏腰包，事后往往会后悔。

28 “土”不等于纯朴

上大学时，身边有一个外号叫做“公主”的女孩。不论是当时还是现在，这样的外号对女孩子来说，未免会带着一丝讽刺意味。这位“公主”确实也具备了一定的实力，论长相有长相，论头脑有头脑，论身材有身材——只有一点美中不足，便是她不会穿衣。

那时一个朋友办生日派对，地点选在了一家高档的夜总会。女孩们为了当晚的打扮无不用尽了心思。我至今仍清楚得记得那晚最受瞩目的女孩穿了一件无袖的白色紧身背心，配浅粉色格子短裙，原本便玲珑的身段被衬托得愈发窈窕。我正在一旁酸溜溜地欣赏，抬眼看见“公主”也姗姗走了进来。一张素面朝天的脸，下身是一条半新的七分裤，上身则是一件仿佛才从洗衣机里取出来的皱巴巴的衬衫。朋友也注意到她的衣着，纷纷笑了：“公主啊，拜托以后多关照一下你的衣服吧！”

我一直相信，懂得穿衣的人也懂得如何做事。同样的道理，不懂得穿衣的人多数也不会把事情做得很漂亮。这句话并非我的原创，而是出自一个著名设计师之口。每次看到那些巧妙搭配，把平凡的衣服穿得有声有色的人，我的心情都会变得很好，同时也会觉得他/她会是个懂得巧妙解决问题的高手。

这便是所谓的"服饰战略"。不论在职场还是其他场合，得体漂亮的着装总能为你赢取很高的信任分。把自己埋在沉闷的衣着里，守着四亩半分田，中规中矩地做好分内的事——这在过去或曾被称做美德，但这样的时代已经过去。如今放眼望去，明洞（首尔著名商业街。—译者注）大街上尽是衣着鲜亮的新女性，她们思想开放，有学识有自信。单会埋头做事，而不懂得妆扮自己的女性，已不再受欢迎。所以"公主"会受到朋友们的嘘声，也一点不足为奇。

那个派对后，"公主"照旧我行我素不修边幅，每天都穿得好像一个刚从补习班放学的高考生。直到日后一而再再而三相亲失败后，她才恍然回忆起朋友曾经劝她的话：佛靠金妆，人靠衣装。每一天都是人生的重要日子，你永不会知道机会会何时出现在街角。所以，从衣着开始，随时做好准备吧。或许某一天，你会在路上偶遇从前让你痛苦的男友，毋须说话，你的衣着便会替你发言：看，我现在过得好极了！或许你会被公司安排参加一个突然的会议，许多人穿着便装仓促走进会议室，而衣着整齐出众的你，一人独享众人的目光——这时，相信你会由衷地微笑：果然他们说得对，机会只降临在有准备的人身上。

不同场合应避免的着装

● 工作场合。宽大的嬉皮士裤和袖子盖住手指的长衫都不应该出现在工作场合，否则会给人拖沓散漫之感。

● 相亲。太紧身的衣服，袒露胸口的连衣裙，蛇纹皮鞋……哦，不!

● 老同学聚会。不可穿着过分性感的衣着，也不可干脆素面前往，尽情展示自己的鱼尾纹和黑眼圈，唯恐岁月痕迹不够清晰似的。另外，衣物沉闷的颜色会向人暗示你困顿的生活，也应避免。

29 不要在小处省钱

我经常会惊艳于一些擦肩而过的女孩，她们不能算得美丽，却总有着让人过目难忘的气质。不像某些名媛贵妇，成天拎着印有硕大名牌logo的皮包，头发油黑锃亮一丝不苟，却分明是没有血色和生命的木偶人。

懂得珍惜细小的事物及快乐的人是难得的。她不一定会参加志愿者服务或自我开发的各种培训，却会徒步去看一场小小的展览；她不会花很多钱去旅行，却常会在闲适的夏日夜晚去江边观赏免费却无敌的夜景；她不会如那些"拜金女"一样把所有钱都花在名牌上，却会在一些小配饰上花心思，如名片夹、日记簿、雨伞、镜子等。这样的女孩是优雅的，因为她懂得生活。

名牌之所以成为名牌，都是有道理的。为什么路易斯·威登从不打折，却仍能让全世界的真伪贵妇们趋之若鹜？为什么国内外的知名艺人都在排号等待购买爱玛仕的宝金包（宝金包"Birkin Bag"出自爱马仕"Hermes"的名门系列，以法国女星Jane Birkin命名。—译者注）？为什么万宝龙钢笔大受留学生的钟爱？梅赛德斯（Mercedes）家族是如何造出奔驰轿车的？我们有必要了解一些名牌背后的典故，而不能像个没头脑一样，只知道盲目追求名牌。

在正式场合，比起那些衣着华丽却谈吐平平的人，穿着低调却能在小处细节见光彩的人往往更容易得到他人的信任。很多时候，一只小小的名牌名片夹要比奢侈的名牌包更具说服力。后者虽会在一时得到他人的注意，却也会很快被人忘却；前者却会长久地镌刻在有心人的记忆里。同样，你不时会听到有人惊叹："啊，这是万宝龙的新款钢笔！"却很少会有人赞叹："啊，这是路易斯·威登的包包啊！"毋庸置疑，名牌是好的，却经不起半点的张扬，否则便会失去其价值。奢侈品牌存在的理由在于其低调的奢华。

一个内在充实、真正优雅的淑女绝不会向人炫耀她身上穿的、手里挽的、脚下蹬的分别是什么牌子。而她在小处的用心，却永远让人惊叹不已。

对于名牌配饰的一些建议

● 雨伞。笨拙沉重的长柄伞已经落伍了，而那些实用轻便，花纹大方的雨伞会给人充满活力的印象。

● 名片夹。不要随身戴很多名片出门，那会让人觉得你是一个长期与人打交道的交际家。有时，即使明知自己没带名片，你也可以故意掏出名片夹，然后欠身说："哎呀，我的名片已经用完了。这样吧，下次见面我再补给您吧！"如此一来，别人对你的印象分会大增。

● 笔具。万宝龙品牌虽然昂贵，却是购买笔具的首选。但是如果你的经济实力达不到，那么不要刻意攒钱购买，你要知道，任何超过自身购买力的奢侈品都是可笑的。不要在文具店购买笔具，去百货公司吧，那样才会保证好的品质。一个懂得对笔具花心思的人，会给人留下真诚且重感情的印象。

30 产生购物冲动时多考虑五分钟

女人购物简直可被视作一种行为艺术。她们在头脑里列举购物清单的过程，缜密得好像艺术家创作前对作品的设想；她们经过五光十色的橱窗时的兴奋，就好像艺术家开始着手创作时的快乐和紧张；她们打开钱包，权衡买还是不买时的慎重，便好像艺术家在作品即将完成前的忐忑；最后终于下定决心买回家后，细细察看却发现瑕疵时她们的捶胸顿足，又像极了艺术家发表作品后得到舆论恶评时的沮丧。

之所以我要把购物和艺术相提并论，是因为购物对于女人来说，不仅是一种单纯的经济行为，很多时候它更是一种精神上的依赖。拿自己来举例，我有时便会好像突然发疯一样冲出去狂买一气，信用卡刷暴也不眨一下眼睛（你尽可想像下个月收到银行清单时我的表情），拎着大包小包走在回家的路上，内心会生出一种莫名的平和。

很多女人都会像我这样利用购物来解压，但一不当心过了界，便容易患上一种名叫“购物强迫症”的心理疾病。如果你只因为喜欢的品牌出了新品，而不惜花上数千块钱买一盒根本不怎么用的眼霜，或者，虽然你不执著于名牌，但是只要上街，便必定要买些东西回家才肯罢休——那么要警惕了，因为你已呈现出"购物强迫症"的早期症状。正确的购物应该是愉快而理智的，一个聪明的女人绝不会轻易掏钱包。

有一句话说得好：在百货公司挑选商品要比挑选男人还多慎重五百倍。虽然夸张，但却极有道理。男人，只要你见识过足够多，便会锻炼出精准的眼光来，扫一眼便可知谁会和自己合拍，谁有资格接受自己的爱。然而，购物这件事，却不会因为你买东西足够多而生出好的眼光。

平时再冷静的女人，有时也免不了在购物上昏了头。单凭店员的一句"郑丽媛（韩国著名女艺人，以擅于穿衣打扮著称，曾在《我的名字叫金三顺》等影视作品中担任主演。—译者注）是我们店的老顾客呢"，就毫不犹豫地买下一堆不适合自己体型的衣服。因为看到杂志上说"拥有完美小腿线条的女人最美丽"，便每天穿着九公分高的高跟鞋表演踩高跷。

这个时代到处都充斥着诱惑你的广告语，你的爱美之心一不小心便会被商家利用，为自己带来不可挽回的经济损失。所以，下一次当你站在橱窗前，在感受到强烈的购物冲动前，务必让自己冷静思考五分钟。如果过了五分钟，仍不能给出足够的理由说服自己掏腰包的话，那么就果断地转身离开吧！

不同场合的购物须知

- 商场。商场是销售虚荣的地方，前往购物前如果能化一层淡妆，让自己的妆容与其氛围相符，也是一种礼貌。

- 东大门市场（韩国著名服装零售市场。—译者注）。那里的生意人阅人无数，一眼便能摸透顾客的心理。为了不让他们轻易宰割你，你应尽可能用老练的语气与其交涉。Outlet折扣店不还价誓不罢休！即使对方苦着脸对你说："已是最低价，不能再低了。"你也要死皮赖脸道："那么我不要这个赠品了，你再给我便宜点，好不好？求求你了！"

- 批发市场。先选好所有想买的东西，然后再一并还价。批发市场一般不好还价，但是在买得多的情况下还是可以商量的。但也要注意不要因为便宜而盲目购入一些自己不需要的物品。

31 买不起名牌 也绝不买假货

假货，即真品的仿制品。假货往往制作得以假乱真，但是仔细察看商标、颜色和针脚的话，还是能够看出异同。假货主要分A、B、C三个等级。韩国曾被誉为“假货天堂”，其仿制品的精妙程度让人叹为观止。

前不久我参加了一次聚会，席间H小姐背的那只路易斯·威登包格外引人注目，明眼人一看便知那是仿制品，但是H却厚着脸皮硬说那是花高价买来的真品，实在不得不让人对她“另眼相看”。不知怎的，我一看到使用假货的人，便会觉得他/她整个人都是假的。我从不觉得以前那个背着廉价包的H有什么不好，然而自从那次聚会后，她在我心目中的形象便一落千丈。为了一点浅薄的虚荣心而出卖自己的诚实，真正划不来。

购买假货并没有错，如果你在别人问起的时候，能够坦然地一笑置之：“嗯，这是假的，我在梨泰院（梨泰院：首尔著名街道，外国游客居多。—译者注）花四百块钱买的。”然而问题在于，极少会有人过来询问你手上的包是否是真的，你自己也不可能对遇见的每个人声明：“这个包是我两百块钱买来的假货！大家不要误会啊！它不是真的！”所以，不可避免的，会有某些识货者暗地里将你和假货一并看为次品。如果你仍有侥幸：如果没有人看出来不就得了么？那么我问你，当你和挽着同样真品的人站在一起的时候，心里是否会有自卑？是否会觉得抬不起头来？

伪造，是丢弃自己的道德、剽窃他人智慧的行为。每个人都会对昂贵精美的东西心有向往，但无论如何都不能以失去道德的代价去换取。不管仿制品做得多么逼真，即使没有一个人能看得出来，但起码有一个人永远是心知肚明的，那便是你自己。假货是一面镜子，照出你的自卑和愚蠢的虚荣心。

假货是那些贴着名车标志的二手普通车，可笑至极。如果你想要名牌，那么真刀实枪攒钱去买；如果支付不起，那么就放弃吧。真品时间越久，越能显出其价值；假货却会随着时间推移，逐渐露出其劣质本色，为你换来他人的耻笑。从现在开始远离假货吧，除非你想让自己连同生活都变得虚假起来。

即便如此，你还是想要购买假货的话

- 梨泰院赫米尔顿酒店附近的小店。这里销售的A级仿制品可以让真品专卖店的店员都难辨真伪，运气好的话，你也可以淘到便宜的真品。

- 和梨泰院、明洞、鸭鸥亭等地的店主人搞好关系。很多服装店的主人有着通天的本事，手里常会攥着一些国外名品专卖店打折时购入的真品。

- 假货终究还是假货。不要因为买到了足以乱真的假货而洋洋得意，假货终究还是假货，不过是买来好玩，一旦当真就不好玩了。

32 不要在肚子饿的时候逛街

C的外号叫“购物女王”。她不仅会挑东西，对各地的特产也是如数家珍，每次出国总能找到那些隐藏于角落的折扣店，另外，她又总能在第一时间打探到各大百货公司打折的信息。然而，虽然她热爱购物，却极少会盲目和狂热。所以她是个名副其实的“购物女王”。

C和我是多年的老朋友，也是固定的购物伙伴。在购物的问题上，我们配合默契，惺惺相惜。每次结伴出门都会有一定的程序，而第一件事总是“填饱肚子”。如果去百货公司，便会首先奔去地下的快餐店；若是在国外，便会钻进路边的小吃店；如果在喧杂的市场，便会人手一个蘸满白糖的多纳圈，边吃边逛。之所以要在逛街前首先填饱肚子，是因为我们发现人在饥饿的状态下购物会容易变得神经质，从而不自觉地超支消费。

为什么？道理很简单。饥饿会让人产生一种欲求不满的空虚感，时间久了，大脑便会不自觉地给身体下达填补空虚的命令，为此，你掏腰包的次数自然会明显增加。

这是科学上已经认证了的事实：人在饥饿时往往会购入自身不需要

的物品。多数人却对此浑然不知，亦养成了先购物，最后吃饭的习惯。孰不知，购物前的一顿便餐会给他们省去许多不必要的花费。

人在吃饱的状态下更容易抵挡得住诱惑，不论是购物还是性爱，人在饥饿时性欲更强的原因也在于此。所以在肚子空空的时候，听任自己经受诱惑的挑战，是非常不明智的。

另外，购物本身是一项高强度的运动。不仅腿脚要出力，大脑也要同时高速运转：买，还是不买？需要，还是不需要？如果你在人多的地方长时间购物，身体会容易缺氧。这也是提倡购物前先填饱肚子的另一点原因。那些打算用空着肚子逛街的方法减肥的淑女们，三思一下吧！两三个小时之后，你会看见自己气喘吁吁地拎着满手的购物袋走出百货公司，肚子空了，钱包也空了。逛街这件事，有时是多么的无意义。

逛街前你可去

● 百货商店的地下食品卖场绝对是物美价廉的首选。从蛋白质含量丰富的关东煮、火腿、炸猪排到维他命一百分的果汁、豆浆和柠檬茶，各式各样新鲜的食物会让你不觉绽出微笑。吃饱后，再心满意足地上楼血拼吧！

● 东大门和平市场在第一和平市场旁边的小胡同里，有许多的路边摊。那里有全首尔最美味的多纳圈，千万不要以为那是垃圾食品掉头就走。那滋味！

● 鸭鸥亭洞小酒家Rodeo街后面胡同里有一个小酒家，作为和朋友逛街后的歇脚地最合适不过。酒家不大，不过两坪（大约八平米）左右的空间，气氛却极好，最赞的是他们家做的东西，味道好得教你一吃忘不了。

33 不要和花钱大手大脚的朋友一起逛街

K和P是多年的逛街搭档，两人平时几乎不联系，偶尔见面，相互间也只是客气的寒暄。然而一到百货公司打折的季节，她们便会结成坚不可摧的"血拼二人组"，亲密默契得堪比亲姐妹。

目睹两人购物的情景十分有趣。当K犹豫不决的时候，P会在一旁怂恿，说那件衣服有多么漂亮多么值得买。K一听，便骤然找到了非买不可的理由，然后极为麻利地掏出了钱包。而等到K付完账，P早已等不及，急忙拉着她杀到了另一个柜台，于是，新一轮的犹豫和怂恿又开始了。

我还有一个朋友花起钱来十分大手大脚。只要发现心仪的东西，便必定会给自己找出种种理由去买。"算是迎接新春给自己的礼物啦！""近来心境不佳，当作犒劳自己啦！""突然想吃自己动手烤的点心，所以就买了只烤炉……"等等，不一而足。

另一个朋友是个不购物便会失去平静的女子。最近她看上了艺人江东元穿的Dior Homme（Hedi Slimane设计的Dior男装，配件简洁利落，带有一种近乎病态的纤瘦。—译者注）紧身裤，于是盘算着也给自己的男朋友买一条。Dior Homme裤子的尺码小是众所周知的，连普通身材的女孩都穿不进，更何况她那腰围34英寸身材魁梧的男朋友？真是昏了头了！意志和实际需要不相符的浪费简直是一场犯罪。

或许有人会说，能花才能挣。真是站着说话不腰疼，花钱当然容易，挣钱便不那么轻松了。如果你没有足够的能力挣钱，却有本事花钱，麻烦就来了，或许下一个在电视节目"购物中毒症"里现身说法的嘉宾就是你。当然如果你有能力支付所有的账单，那么一切都好说，你想怎样花就怎样花，不会有一个人来阻拦。

大手大脚的人一般有两类，一类是自己会赚钱或家里有钱有势的，还有一类是绝不会委屈自己的，这样的人从不会考虑口袋里有多少银子。和前者一起逛街，难免会令你觉得压力和自卑；和后者一起逛街，你便会失去冷静理智的判断。总之，不论和谁一起，你的购物都会以失败告终。

当花钱大手大脚的朋友如是说时

- “这件夹克怎么样？很帅气吧？”好像和你脸的肤色不搭啊。（对，就这样！直截了当说出你心中的看法！）

- “正好，反正我现在的粉饼已经用厌了……”厌了？这么快就又不喜欢了？那你到现在还把我当朋友，真是不容易啊！（如果朋友是个听过就忘的乐天派，这么说不要紧。但如果她是个说不起的暴脾气，那出口之前，你还是考虑一下吧……）

- “压力好大啊，我要给自己买点好的慰劳一下……”呵，你真是病入膏肓了！赶快给我坐下来，深呼吸！还有，信用卡掏出来给我！让我去给你买点好的！（当她听说你要替她买，就会受不了了。）

34 送自己一个可爱的储蓄罐和账簿吧

女人啊，不要只专注于花钱，从现在起，还是多关心一下攒钱的事吧。

古语说得好，不积小流，无以成江海。积少成多的道理谁都晓得，而真正实践的人却不多。我在中学时，同大多数的女生一样，十分热衷于漂亮花哨的铅笔盒和笔记本，觉得只有那样才提得起精神学习。当手里握着印有迪斯尼图案的圆珠笔时，才会记得上课时记笔记。扎头发也是一样，比起单调的黄色牛皮筋，那些坠着水晶玻璃球的牛皮筋对我永远有着不尽的吸引力，一天也会不厌其烦地梳上好几遍头。现在想来当时的自己很好笑，可是再一想，不只是不懂事的小女孩才会那样，追求形式胜于内容的也大有人在。

在攒钱的问题上也是一样。与其摆一只印着银行名称的丑铁皮罐，任其在书桌前积灰，倒不如买一只可爱得让自己爱不释手的储蓄罐。那样的话，每每看见，你的心情都会很好，都会想着用硬币喂饱它。人的心理便是这样。

所以，一本美观又好用的账簿会让你养成记账的好习惯。当然，如果是那种同时可以记日记的笔记本就更好了，记完收支后，寥寥记几笔当天的心情，理财记事两不误，多好。

我曾在新年时从父母那里收到过一本金钱出纳簿，式样陈旧古板，接过时我真是一百个不情愿，但碍于父母的面子，不得不勉强记了几天的账，很快便弃之一边不再打理了。后来在一次逛街时，我偶然发现了一本漂亮的记账簿，当时看着喜欢便买了下来。这一次，我坚持了一年之久，每一笔账都记得工工整整，连自己都纳罕不已。

对于储蓄罐，我一向都喜欢用红色的猪（在韩国，猪有旺财的说法。一译者注），取它的喜庆之意，另一方面，也世俗地觉得它实在可爱到了极点。小时候一经过文具店，看到橱窗里的红猪，都会向它们摆手问好："好啊，小猪~多保重啊！"（呃……我这是怎么了？）

没有人规定攒钱一定要从每年的一月开始，你下定决心的那一天便是历史的新起点，从一分钱，一个汉堡开始省起，如果你能坚持，到最后你会收获一本存折或一顿奢华的晚宴。

近年来，出现了许多帮你记账的电脑软件，你只需把每天收支的数字填写进去，它便会为你自动整理，另外也可用来计算利息等，实在方便得很，你也可选择使用。啊，还有你的红猪，最好能一次多买几只，放在你常待的所有地方。家里一只，公司一只，健身房的储物柜一只。你无需一次喂撑它们，只需每天耐心喂它们一两个硬币。到最后，破开它们肚子时，看着它们脸上永恒的微笑，你或许会觉得愧疚。但是很快你的愧疚便将被硬币哗哗流出的声音冲刷得一干二净。

● 储蓄罐。最好选用坚固丰满的储蓄罐，因为那意味着有福。另外，据一个攒钱专家说，不透明的储蓄罐要比透明的储蓄罐更能激起人们填满它的欲望。

● 记账簿。最好选用封面颜色活泼明亮的记账簿。黑色的封面虽然有让人冷静的功用，但是也容易让人很快生厌。民间有“红色钱包生财”的说法，虽然没有任何科学根据，但是红色的确能让人产生积极向上的愉悦心情，不论是赚钱还是攒钱，都会因此而受益。

35 不要盲信银行职员的建议

几年前，我突发奇想，想把一些零碎的不定期收入整合一下，存进银行或做一些小投资。为了得到专家的建议，于是一连访问了几家银行。

H银行C科长

“我看您还是办一张非课税存折（非课税存折：对利息不征收税金的存折，属保险范畴。分别有生计存折、长期住宅储蓄存折、职工优惠存折等不同形式。—译者注）吧！看交易记录，您每个月都会有一些额外的收入（我偶尔会兼职写文章），加上您有一份稳定的工作，不太可能会滞纳存款……对于我们这些挣一月花一月的工薪阶层来说，这个不用缴纳税金的存折是再合适不过啦！大多数的白领都已经办了，您看怎么样？”“我们这些挣一月花一月的工薪阶层？”真会套近乎啊！不过要我突然开始一份长期的储蓄，想想还是很有负担啊。

K银行Y代理

“您现在的住房储蓄（住房储蓄：长期储蓄，用于购买面积小于

25.7坪的住房时可得优惠。—译者注）已经到晚期了呢，以前您办的是25坪以下的储蓄，现在看来，您最好每月多交些钱，把既定的面积再扩大些。您现在已经上了年纪（天！），也没有家庭的负担，条件真是再好不过了！投了一年多后，就能换一套大房子了，不是很好吗？不管怎么说，现在大多数人的梦想不就是拥有一套自己的房子吗？”

W银行K代理

“您在哪里高就？啊！和这里仅隔了一条马路嘛！平时经常来我们银行吧？来，先喝杯咖啡！您以前没有买过基金吧？这是我们银行推荐给顾客的一些基金种类，旁边都注有每一种的收益率，您仔细看一下吧！现在经济态势良好，基金亏损的机率非常小，利用手头小额资金进行投资最合适不过了！我们银行自己的职员很多人都购买了A企业和S商社的基金呢……”

转完这三家银行后，我的大脑已经乱成了一锅粥。从前对银行职员的迷信也被一扫而空，我发现，他们也不过是推销员，为了推销出自己银行的业务而不余遗力，只苦了我这个门外汉，被那么多专业术语弄得天旋地转。最终我还是决定讨教周围的投资达人们，踌躇反复好一阵才定了下来。总之，经历了种种之后，我感觉颇深的一点便是，进行投资，便好像在水果摊挑选水果（以苹果为例）。精明的商人不会满足于只替你挑选苹果，而会不厌其烦地向你推荐其他的水果，这种梨个大汁多，这种橙子味美有营养……稍懒惰一些的商人，会根据对你的判断来决定其态度。卑劣的商人则会一面笑逐颜开地说：“今天您真是有福了，这些水果都好极了！”一面趁你不注意，奋力往口袋里塞有疤或烂了的苹果。

为了看好你的“红苹果”，就不能盲信水果摊主的花言巧语。不仅要货比三家，多听别人的意见，更要学会自己摸索和学习！只有这样，你才能明了挑拣到自己篮里的苹果是国光，红富士，还是你根本不想要的鸭梨。

百分百活用银行

- 把常去银行的高级职员收为“自家人”。最好同那些职位高，负责贷款、信用卡、股票的高级职员保持长期的联系，他们会给你提供许多有益的信息和投资指南（即使你没兴趣，也可当作知识普及一样去听）。

- 露出你的自信来。不要因为办理小额业务就少了自信，虽然你是个平凡的顾客，但也要不卑不亢地同银行交涉。银行职员的话不是金科玉律。遇到不合理的情况，要坚持原则到底。必要时，可唤银行负责人出面主持正义。要明白，银行的顾客不是“钱”，而是“人”。

36 每天浏览经济时事

在得到居民身份证之前，你都可将自己包裹在“未成年人”的保护壳里，不闻天下事，但是一过二十岁，情况便不同了。你被教育要“懂事”，要有“内涵”，要发展“知性”。经过懵懂的义务教育阶段，一直到接受高等教育，你不得不开始面对一个问题：

如何能让自己的人生过得有声有色？

为此，你必须首先了解这个世界是如何运作的。

过了二十岁的你，应该试着做到经济独立，如果不能，那至少你该为自己至今还向父母伸手要学费而感到羞愧。你应该铭记父母对你所有无私的付出，并下决心日后报答其养育之恩。

做到经济独立，便是报答父母的第一步。每天阅读经济时事，了解经济常识，明白“钱”为何物，则是做到经济独立的第一步。踏入社会前，便具备一个好的经济头脑，将给你日后的生活带来不尽的好处。正所谓“好的开始是成功的一半”。每天在早餐桌上，当你打开那份散发着油墨香的报纸时，不要只专注于今日运势、电视节目介绍、演艺界花边新闻或减肥窍门之类的栏目，那不会给你带来什么收获。培养经济头脑的正确的读报顺序应该是这样：首先浏览首页的主要新闻，然后是国际及社会新闻，但重点应放在经济版上。

在那里，你可以看到政府近期出台的新经济政策，亦可以了解到国内外主要企业的动向，除此还能学习到许多关于投资的知识。乍一看，那些文字很是枯燥无味，但是一旦看出门道，便会觉得其乐无穷。若你每天都能够学会一个房地产专业用语或经济指标名称，时间一久，你便会看到发生在自己身上的变化。阅读经济版会给你带来什么好处？它会让你更加合理地使用手上的每分钱，从而规划出一个更好的未来。一颗好的经济头脑，不论是对单身的你，还是已婚的你，都将是一笔享用不尽的财富。

我的朋友S和H，一早便发现了投资的乐趣，两人一见面的话题不是股票便是基金，有时甚至为了“钱是什么”这样的问题争个面红耳赤。而那时的我则对钱没有一点概念，是个不折不扣的“小迷糊”。

仍记得她们语重心长地对我说：“不趁天暖多滚几个粪球，冬天你吃什么？”

说得多好！再早一点，再勤快一点，为了更好的未来！我可不想做入冬后嗷嗷叫的寒号鸟！这么想着，我每天翻开报纸浏览经济时事时，心里便会升腾起不尽的动力。购物瘾来袭时，也会理智地守好自己的钱包。

如何培养经济头脑

● 收藏几个财经网站。neonet.co.kr，每日新闻经济版，房地产114，银行投资网站等网站都不错，经常浏览，必会受益。

● 每日记录收支情况。找一个网上记账簿，像计算每日卡路里摄入一样，认真记录每日的金钱收支。

● 虚心听取过来人的经验谈。他们起初也同你一样，从对财经投资一摸黑到渐渐入门，再到精通此道。听他们谈论所经历的迂回曲折，你会受益匪浅。

● 准备一些用作"诱饵"的闲钱。股票、基金等高风险高收益的投资，对菜鸟都有着致命的吸引。一面怀揣着获取高回报的期待，一面你也需做好承受损失的心理准备，为此，准备一部分即使失去也不会对你的生计产生影响的闲钱十分有必要。

37 不要被“经济鸡汤”牵着鼻子走路

如今市面上充斥着各式各样的经济实用手册、投资指南等书籍，亦有数不清的鼓励人奋发挣钱的“经济鸡汤”书，不由得让人心生错觉——如果能够把这些书一字不漏都读个遍，我是不是真能成为书里面的那个亿万富翁？

我时常会对着潮水一般的经济书籍“望洋兴叹”，不知该选哪一本才好。有一次在友人的推荐下，我买了一本600余页厚的经济大部头。然而，一翻开目录，拗口的经济词汇扑面而来，兴趣便顿时减了一半。硬着头皮逼迫自己往下读，明明每个字都认得，却始终处在云里雾里，不知所云。最终我还是放弃了那本书，对于我这个门外汉，它的内容实在太教条太脱离实际了。我从不妄想一夜暴富，那本书却教唆我“到这个时候，你就应该破釜沉舟背水一战”。不不不，我不想战斗，只想知道怎样才能在自己的消费承受范围内恰当地管好口袋里的银子。

作为一个独立的现代女性，应该清楚自己账户里的数字，并以其为基准来确定自己的经济观和消费水平，这样才不至于在做一些重大决定（如经济独立、结婚等）时，让自己陷入窘迫的境地。为此，你应明确地把收入划分出两部分：该节省的，及该花的。作为未来储备基金，前者就该原封不动，老老实实地存进银行。

只是，划分的标准在哪里？不在那些林林总总的经济参考书里，而在于你自己。如果迷信那些“高手指点”，被其混淆视听，只会适得其反。

如果你要培养自己的经济头脑，那么更好的读物是报纸。如果你没有时间订阅，那么每天浏览几分钟的经济网站也是好的。书是积淀后的池塘，虽有深思熟虑，但终究新鲜度太低，深度又偏高；报纸和网站则是不断更新的活水，不仅新鲜且深浅适宜，能够让你更贴切地把握经济的脉搏，了解每条新鲜出炉的经济政策，并对其做出反应。

现在起就拿起手边的报纸和鼠标，饮啜一汪清冽的经济活水，给自己的现在和未来多一份现实的思虑吧！

- (德) 博多·舍费尔 (Bodo Schafer) 的《金钱》。博多·舍费尔是国际著名的理财专家，在韩国也拥有不少忠实的粉丝。读过此书后，你必定会对金钱有全新的认识。

- (美)乔纳森·B·怀特(Jonathan B. Wight)的《拯救亚当·斯密》。全书是对《国富论》著者亚当·斯密学说的全新诠释，内容广泛涉及经济学和哲学，文字生动活泼，值得一读。

- (韩) 小熊的《如何挣大钱》。这是一本为经济初学者准备的投资入门书，对于那些没有经济常识的读者，这本书再合适不过。其文字浅显，全篇满是作者在实际工作中总结出来的成功投资实战经验。

38 幻想三十岁后缴纳财产税

想要在三十岁后便开始缴纳财产税，一般来说有两个办法：一，二十九岁前便从父母那里继承到房产、车、店铺等财产；二，勒紧腰带，像狗一样地辛勤工作，衣服破了补补再穿，不花一分冤枉钱。怎么？听到这里就开始泄气了？其实不必。只要你定下坚实的目标，并抱着希望每天认真地工作生活，那么你的梦想总会在某一天成真。

只会花钱不会挣钱的妙龄女郎，请不要错过这一章。

首先，我们先说说什么是财产税。财产税和个人所得税不同，它是对个人名下的土地、房屋、商铺等私人动产及不动产征收的税金。三十岁以后，如果你能拥有以上列举的任何一项财产，都算得上非凡的成功。财产不会从天而降，你需要一个坚定的目标以及有条不紊的战略战术，但最重要的还是你长年累月的努力。

我的朋友H便是这方面的楷模。她在读高中时便表现出了不俗的金钱观，对该花的钱绝不手软，不该花的钱则坚决抵住。二十多岁时，她经历了一场如火一般热烈的恋爱，却在最后关头因为钱的问题而和未婚夫告吹。H在痛哭一场后，握着拳头发誓：一定要在三十岁以后够格缴纳财产税!

她的誓言在别人听来或许更接近于气话，但熟识她的亲友们却理解她话里的分量。因为H从小便是个不达目标誓不罢休的倔强女子，她曾为自己立下许多目标，譬如，"一旦体重超过五十公斤就一个月不吃晚饭!""送男朋友的生日礼物务必限在四百块以下!""明年一定要升到科长的职务!"之类。她言出必行，目标一旦确定下来，便会有极大的实现可能，即使一时不能够实现，她也会酌情制订出新的目标，例如"虽然我暂时不能升职，但是在工作上也一定不能够落后于和自己同期入公司的金科长"等，更符合实际和情理，同时也能让自己不至气馁继续努力。H为了达成失恋后立下的誓言，给自己又制定了一个分目标，即保证收入的百分之六十五原封不动存入银行。职业女性都知道，要做到这一点很不容易，非得靠毅力和决心才行。H便是那样会对自己发狠的女子，咬着牙捱过几年后，终于购买了属于自己的公寓。正当大家纷纷欲前去道贺的时候，又传来了她贷款在南方收购一块地皮的消息。大家纳罕不已，问她为何要伤筋动骨投资地皮，她却笑而不答。后来南方地价连涨好几倍，证明了她眼光的精准。H最终实现了她过三十岁缴纳财产税的梦想。

实现梦想的前提是要有梦想。有了大的目标和方向后，不要因为觉得遥不可及而心生动摇。制定出各个分目标，一个个来实现吧。这便好比登山，每走一段路便给自己定下一个目标，从山脚到山腰一直到山顶，一步步踏踏实实地往上爬，每完成一段山路，便多出一份成就感。

如此走着走着，不觉抬头望，发现自己已在山头，一览众山小，那时你所体味到的成功滋味是无可比拟的。

单身女子巧当家

- 妥善保管好各式票据。找一本文件夹，专门保管各式票据。发票不要混杂在一起保管，最好分门别类，如餐饮类、服饰类、交通类等。另外，细致保管好重要合作伙伴的名片。

- 每天记账。认真记录下每一笔重要的支出，事后追加的内容可写在便笺纸上，按照相应的日期粘贴。

- 多同周围的“经济达人”们交往。多同房地产中介商以及长期在小区内摆摊做生意的大伯大婶打交道，前者会给你意外的投资信息，后者则会在你不够打车费或急需小钱时向你伸出援手。

39 借人钱财 便不要期待归还

这世上恐怕鲜有人不爱财吧，然而环顾周遭，你会发现，越是钻到钱眼里，分厘必计寸金必较的人，生活越是窘困；反倒是那些爱财却不计较的人，活得大方潇洒。

我极少会向人借钱，除了加班或晚归没有钱打车的时候。因为我知道，理财的基本便是实现零欠债。从开始接触金钱的第一天起，我们便被教导说："在钱的问题上要小心谨慎……亲兄弟也要明算账……借钱必还……在金钱上不要牵涉太多私情……"这些道理似乎都很浅显明白，但为何总还有那么多恼人的事情发生？正因为，"金钱往来"的前面总带着名为"人与人"的定语。凡事一旦牵扯到了人情，便不再简单，金钱自然也不例外。

友人向你借了一笔不大不小的钱，借的时候她直拍胸脯，保证定会在某年某日之前归还。然而逾期仍不见人影，你等得有些焦虑，于是打电话去试探，不想对方竟嬉皮笑脸在那头说："我们谁跟谁啊……我又不是不还……也不是什么大钱……"你场面上自然也嘻嘻哈哈假客气："当然，我俩谁跟谁啊……不急，慢慢还……哈哈，我根本不放在心上……”真的不放在心上吗？不见得！你不过是碍于面子，碍于对方的面子，更碍于自己的面子。

如果你果真重人情甚于金钱的话，那么在一开始答应借钱的时候，就应该端正心态，只当钱是自己送给对方的，对还钱不要报期待。如此一来，对方如果还钱了，则是你赚了；如果没有还钱，那也是你意料之中的事，因而也不会产生太大的焦虑和懊恼。只是这里有一点要注意，即这笔钱一定是在你承受范围之内的。换句话说，多了它，你也不会富，少了它，你也不会穷。

金钱和人情是人生中不可或缺的两部分，如果硬要在两者之中权衡轻重，那么答案也是显而易见的，重中之重的是人情。重金钱的人，在借人钱财后，往往会坐立不安。“他如果吞了我的钱怎么办？”“他上次说过什么时候还钱来着？”“约好了今天还钱，怎么到现在还没有动静？”于是他左右试探，话里话外向人催讨，最终钱是收回了，但是人情却失去了。多不值。

金钱是人情的试金石。为此，同你珍视的亲友之间的金钱往来最好尽量避免，如果发生的话，对借出的钱财，也不要牵肠挂肚。这样，才不会发生人财两空的尴尬。这个人，到底是不是站在你这边的？

SWEET

- 不转弯抹角，直接告知。“明天你会把上次的两千块钱打到我账上吧？”

- 有分寸地“哭穷”。“经济又不景气了，工资一下少了一截，真是为难啊！”

- 给对方留有余地。“我急需一笔钱，你能把之前欠的一部分先还给我吗？”

40 为什么信任的斧子会砍你的脚

假设你在砍树时，一向用惯了的斧子竟砍到了你的脚，你会怎么做？直接扔掉它？还是既往不咎，冷静地给自己包扎完伤口再说？

如果选择后者的话，那么接下来还会有以下选项：一，把斧子砸个稀巴烂，以泄心头之恨；二，丢掉斧柄，留下斧刃，放进厨房切菜；三，等待伤口痊愈后，再思量对其的惩罚；四，一笑而过，说没关系；五，质问斧子是否一早就计划好了要暗算你，如果它摆出一副行将就义的无赖相，一味只说自己错了，那么你就毫不犹豫地把它扔到河里去（必须要狠，因为你不知道它何时会再出手）；如果它痛哭流涕，抱住你的膝盖说动手的瞬间就后悔了，那么你还是要把它扔到河里（一有机会，这个混蛋还是会倒戈的）；如果它冷静地点头说是，你就要把它放到柴房里藏起来（但还是要定期替它磨砺，等待再次合作的那一天）。

我赞成的是第五项。

斧子如果有预谋砍你的脚，定会有其原因。你如果不分青红皂白就把它扔到河里，那么你将一辈子不会知道自己遭陷害的真正缘由。给对方一个说话的机会，也正是给你自己一个机会。

你总以为自己是对的，问题便出在这里。一双不懂得虚心倾听对方意见的耳朵是一堵墙，阻隔了人与人的交流。你不会知道何时一句无心的话会让对方向你关闭心门，也不知道自己会何时在无意间射出利箭，刺伤对方，并在其心里埋下仇恨的种子；你不会看见，你被伤害之前，对方也曾被你伤害而流下委屈的泪水；亦不会知道，在你遭背叛气得浑身发抖之前，对方曾多么凄凉地注视过你那冷冷转过的背影。

被用惯的斧子砍伤了脚，被信任的友人射了暗箭，不要气急败坏，而要静下心来，想想平时自己是如何对待那柄斧子以及那个人的。任何结果都有一个原因。如果你把所有人都看作自己人，有事的时候求人，无事的时候则只管拍着肚皮晒太阳，那么就大错特错了。时刻都以自我为中心是行不通的，这会让你伤害到他人而浑然不觉。

赶紧检视一下自己身上是否存有这种愚蠢的傲慢吧！人与人是有差异的，每个人的立场都不同，只有明确划分出我方和他方，相互尊重，井水不犯河水，才能得太平。

这个人，到底是不是站在你这边的？

- “一见我就嗦嗦，偏喜欢数落我！”没错！她是你这边的，打是亲骂是爱，都是为了你好。

- “我好像成了她的监护人一样！”她站在你这边无疑。不过像这种对你过于依赖的朋友，一个就够了，多了你会吃不消。

- “很久不见面也不会想念，但一但见面，就不愿分开。”很久不见面，也能像天天见面一样的熟悉，你可以确信她是你这边的人。需要帮助的时候，不需要过多的解释，她必会爽快地伸出援手。

41 不要以血型星座取人

我是B型血的巨蟹座。书上说，B型血的我性格活泼直爽、感性，思维敏捷，有数不清的点子，直觉敏锐，有亲和力，同异性交往重视第一眼的感觉，陷入爱情时容易晕头转向，但仍有能力维持自己同男友以及朋友之间的平衡。

至于巨蟹座呢，据说是属家庭型，性情温和，富有母性，有责任心，一旦对谁敞开心门便至死不会背叛。

血型和星座一度被炒得火热，不管是谈恋爱、相亲还是求职时，都会被问及。

“你好，我叫张小发。”

“初次见面，我叫高春子。”“你的眼睛真漂亮啊，看来春子小姐是A型血？”

“哦？你怎么知道的？？看你这么感性，莫非是双鱼座？”

“A型血和双鱼座十分般配呢，哈哈！”“呵呵，是么……”

这是什么狗屁理论？用作套近乎尚可，用来评判人的话，那可万万不行。

人与人交往，最重要的是“真诚”和“礼数”。真诚像是一根隐形却牢固的绳子，紧密地将人与人捆绑在一起。礼数则为各自留出了自由呼吸的空间，看似松绑，实在无形间加固了双方的关系。除此之外，维系人际关系重要的尺度还有各自的人生观、思考方式、品性及世界观等。

我有一个后辈，对男友的血型有着严格的要求，但凡不符合要求者，不论条件多优秀，都不予接受。后来她终于遇到了“命里注定”的那个男人，两人携手走进了婚礼殿堂。其后她发现丈夫的血型竟是自己最厌恶的那一型，才知晓丈夫婚前刻意地隐瞒。她为此大闹了一场，但最终也只得默默接受。一年后，生下了承自丈夫血缘的一个大胖小子。一家三口过得其乐融融，血型风波也不了了之。

在人际关系中，你对他人定下的标准在日后可能会成为束缚自己的绳索，适度的标准是允许的，而血型星座之类的所谓标准则是极其荒诞的。记住，过度的偏好就变成了偏见。

但还是要说说B型血的男人

- “等等！你先听我说！”B型血的男人在言论上或多或少都有些自我为中心，一方面出于他们的急性子，另一方面也出于他们不愿同对方产生哪怕一丁点儿误会的“洁癖”性格。

- “那么你呢？”明明知道自己错了，却非要首先揪出对方的错来。

- “我现在不想说话。”遇到棘手麻烦的时候，他们会表现出回避的倾向，但一般不会消极逃避。

42 管理好手机里的人际关系

前一段时间，我的手机得了场暴病，勉强支撑了几天后，便被修理店宣布死亡。伤心之余，我给自己买了一部新手机，开始面对一项耗时长久的工作：将旧手机里的电话号码转移到新手机里。我惊奇地发现：自己经常通话的号码原来不过十来个，剩余的不是一年半载打一通，便是几年都不会打一通，而其中一次都没有拨过的号码竟占了全部的三分之一！当然这三分之一号码的主人也几乎一次都没有给我拨过电话——这很自然，人际关系本来便是需要互动的。

输完所有号码后，我决定删去一些不需要的号码。在这个过程中，我竟突然感觉到了一种割人手指般的残忍，我无法判断谁的号码没有储存价值，于是那些一次没有拨打过的号码终究还是原封不动地挤进了新手机里。

闹矛盾后从此放学再没有一起回家过的伙伴美延，因着一点鸡毛蒜皮的小事而一个假期没见面的智英，日渐疏远的大学初恋……这些人的电话号码至今还存在我的手机里。那时候对于我来说是“The One”的人，时光一转，已成了“One Of Them”。一个小小的电话簿记录了多少人事的变迁。当下看着那些经常拨打的号码（很多已被设置了快速键），不由得感慨，不知道哪一天起，它们也会像断线的纸鸢一样，连同它们的主人一道，被风胡乱卷出我的世界。

不管怎样，手机里储存的众多号码从某方面证明了你认真的生活态度，但是至于如何让每个号码的主人记住你，喜欢你，便是另一回事了，也将是你终生为之努力的功课。

● 听到声音都会让你起鸡皮疙瘩的人。不要接他们的电话！就当没听见，或者干脆把号码储存做“傻×”。

● 不想让别人发现的特别号码。对特别的人的号码，如果直接用爱称储存，便有可能会被别人发觉。你可用一个大俗名来替代，然后在其后用数字或符号标识。

● 不明号码一连拨打很多次。如果有不明号码给你连续拨打两次以上，不要直接将其定性为骚扰电话。接起来听听。连续拨打电话一般发生在有急事的情况下，你有必要告知对方弄错了号码，以免误了对方的事。

● 讨厌的人，绝不储存他们的号码。电话簿里的号码不是越多越好。对于那些有事相求时才想到给你电话的讨厌人，你接起电话时茫然的语气便是对其最好的回应，“我连你的号码都没有存，你竟还厚着脸皮对我称兄道弟？”

43 初次见面，仅展现自己一半的魅力

“一见钟情”在实际生活中发生的几率十分稀少，不论是对同性还是异性，不论在商务场合还是在私人场合。然而幸运的你，却体验过若干次电光石火的瞬间。一次是对一个英俊的男子，眼睛一落在他身上，便再舍不得移开；一次是对一个同龄女子，你们在社团活动时结识；一次是对客户公司的一个负责人，当时他正在会议上作自我介绍。

每次一见钟情，你都能从对方那里嗅到一种迷人的芳香。陷入情网欲望被勾起的麝香，想要同其一起谈天说地的淡淡抹茶味，期待一道开怀欢笑的海风气息……你觉得有一种感觉倏地钻进心田，那一刻天地清朗，你的嘴角也不觉绽出欢欣的笑容。

祝贺你！要知道，这样的瞬间是多么的难得！人在见到陌生人时，往往会本能地在心里建筑起一道防御工事，为此，对方极难长驱直入，直指你心。当然如果你是属于那种很容易动情的人，则另当别论。

初次见面，当你对对方生出了超出好感的感情，即某种欲望（包括所有欲望）的时候，你该怎么做？欲望是如此的强烈，你看不得别的女人接近他，只想把他立时收入囊中；你想让她成为你忠实的倾听者，长

年累月；你想要近距离地接触他，学习他的方方面面……同时，你也会生出一个念头，便是要把自己最好的一面展现给对方，让其明了你的心意和好感，并让对方也注意到（甚至也喜欢上）你。

但是，且慢！你不可因为心情迫切，便急于把自己所有的魅力都倾泄出来，过于外露的情感会吓着对方，到最后只能适得其反。你要懂得优雅且克制地对自己喊停："今天就到这里吧！"如此给对方留下一个欲语还休、余音袅袅的身影，不知道会勾起他多少的神往，下一次见面便已成必然。情感一旦生成，要不就熊熊燃烧，一次烧个殆尽；要不就小火慢炖，历久弥香。若你想长久地延续同对方的缘份，那么便请多思量吧。

很多时候，初次见面时，你不会明白，那份缘份对你来会说有多重要。待时间流过，再回首，你会知其珍贵，亦会有后怕，若不甚擦肩过，便可能一辈子再难遇见他/她。如此可见，有技巧地在第一面便抓住对方的心，是多么重要。

初次见面，你绝不能

● 一成不变地谈论天气或演艺界花边新闻。相亲场合，你会被直接pass；商务场合，你会被定性为无能；聚会场合，你必无人问津。

● 不停上洗手间。相亲场合，你会给对方带来不安的感觉；商务场合，你会被认为是没有决定权的小字辈；聚会场合，让人对你产生烦躁情绪。

● 对对方外貌发表五分钟以上言论。相亲场合，你会被认为是夸夸其谈的说谎者；商务场合，你会被认为是散漫的合作伙伴；聚会场合，你则会被人视作燥郁症患者。

● 无言的微笑，没有诚意的点头。相亲场合，会伤害到对方的自尊心；商务场合，会认为你是个没有能力的代理；聚会场合，你会被人当作是走错门的。

44 友情并不建立在共享秘密上

一天，在公司的洗手间，平日里和我关系不错的P突然问我道：“你和K关系很好吧，最近和她有联系吗？”

“关系还可以啦，你这么一说，我发现最近是不怎么见得着她人了……”

“你不知道吗？她刚和男朋友分手，又搭上别的男人了！”

“啊……”我张大了嘴巴。

“更离奇的是，K现在交往的那个男人不是别人，就是我的前男友！现在我和前男友都知道实情，只有K还被蒙在鼓里。你说，我该怎么办？”

“……”

我哑口无言，却在心里啐道：怎么办，什么怎么办？祝他们幸福呗！又不是抢了你的现任男友，管那么宽干吗？！然而看着P那双恳切的眼睛，我的话才到嘴边又咽了下去。

在那以后，P便时刻关注起了K和自己前男友的恋情，比较之下，发现前男友对待K要比从前对自己好得多，嫉妒之情溢于言表。她心情低落的时候就来找我，也坦言，自己一直没有忘记前男友。

不论何时也不能够向朋友诉说的秘密那时我只得直言不讳："真是不懂你！分都分了，还纠缠不放做什么？"忠言逆耳，P每每被我说得拂袖而去。

然而问题不出在这里，而在于日后我的尴尬处境。每当听见K甜蜜地向我讲述男朋友的好，我便会没来由地不自在。"我要正式向你介绍我的男朋友，什么时候有时间？"面对K的如花笑颜，我的脑海里浮现的竟是P的泪眼，一时间，一种身为共犯的罪恶感油然而生。问题出在哪里？不在单纯的K，不在P那见异思迁的前男友，而在于P的待人处事上。

有些人会认为，共享秘密是证明关系亲密的一项标准。但也有人会别有用心地利用这一点，让对方和自己共同承担秘密的风险，一旦出问题，即使不能完全撇清自己，起码也可找个一起顶罪的。有人想和某人的关系突飞猛进或预谋算计某人时，都会拿起"共享秘密"这一武器。如果说后者是十足的阴险，那么前者的想法便是十足的幼稚了。因为所有的秘密都是相对的。"世上没有不透风的墙"说得便是这个道理。秘密一旦传到当事者耳朵里，接下来产生的恶果，曾经分得一杯羹的人都逃不脱干系。

所以，出于友谊，而把朋友拉作共犯的做法是极其不明智且危险的。如果你尚不能抛弃幼稚园小朋友一样的交友观，那么便不要期待自己能够建立起成熟的人际关系。

不论何时也不能够向朋友诉说的秘密

- 会给他人带来伤害的秘密。任何有可能给他人带来不好影响的秘密，即使烂在心里，也不要选择对朋友诉说。

- 突然冲动想要脱口而出的秘密。今天说过后，明天后悔的人定是你自己。为了自己精神的健康，管好自己的嘴巴吧。

- 酒席上吐露的真言。一般来讲，这种"真言"等到第二天太阳出来，都会像长了翅膀一样，飞到许多人的耳朵里，对你而言，其破坏程度不可估量。

45 嚼舌根 也要有所顾忌

没错，再没有什么比背后说人闲话更有意思的事了。无聊时，两个人头对头，从东家说到西家，从张三论到李四，那些你平日里看不顺眼的人，都可拿出来批评一番，一两个钟头转瞬即逝，只觉胸口一口浊气吐出，放眼望去人世风景无限好。

然而有的时候，说完闲话后，心里却会生出更深的空虚感。冷静下来，你会开始自责，竟把时间花费在嚼舌根上。如果你有过类似的经历，那么下一次再与人说闲话（不论你是主动还是被动）的时候，便要注意了。如果对方是个非常热衷此道的三八婆，如果你觉得再说下去，那个被“嚼”的对象就要死在闲话的砧板上了，那么你应知道及时喊停。

“不管怎么样，我觉得S还不至于坏到那个地步……”如此一句话便可让对方顿时闭嘴，你俩的“嚼舌同盟”也会就此生成裂痕，甚至当场破碎（接着某一天你也会和S一样，沦为砧板上的鱼肉）。但你毋须为此感到遗憾，因为出了格的“闲话”是柄双刃剑，伤人伤己。

越是寂寞的人，看待他人的眼光越容易扭曲。在背后嚼舌根的人，往往是那些寂寞、欠自信的人。通过肆意毁损他人，宣泄负面情绪，来间接标榜自己。"至少我就不那样！"这句话简直时刻呼之欲出。这些人往往也是那些在社交场合的乏味人——想要谈论自己，却无法引起他人的兴趣，想要说些有趣的话题，却苦于肚里空空。这时候想要使话题进行顺畅，最好的办法便是树立一个共同的"敌人"。当然，那些才出口便已溶化到空气里，旁人听过便忘的"闲话"是无伤大雅的，但是一旦别有用心，毁损到他人的人格或声誉，便十分要不得了。要知道隔墙有耳，你说的话钻进当事者耳朵里的可能性高达51%。

嚼舌根时，你须注意

- 避开敏感的话题。闲谈男女风月之事、家务事等当事人不愿提及的隐私，以及那些虽然有趣但是未得证实的谣传，都有可能对当事人造成伤害。

- 学会左耳朵进右耳朵出。不要让别人的闲话牵着鼻子走，你应有自己坚实的判断，对很多没有价值的话，完全可以置之不理。

- 切记隔墙有耳。你说过的话随时可能传到当事人的耳里，为了避免不必要的纠纷，还是沉默是金吧。

46 日落前将误会澄清

小时候，妈妈曾对我说："不论什么东西，都不要隔夜。"有一次，我在晚饭时突然记起欠贞美的书费还没有还，妈妈便让我撂下碗筷，还钱回来才许吃饭。这么的严格，一直到去年年末，老人家还不忘问我，是否有借的东西未还，是否亏欠了谁的人情还未道谢等等。

只可惜她的女儿总不记得她的教诲，尤其在成年后，很多事一搁便是一两年，只觉人事越来越繁复，想要清清静静、无所亏欠地生活真是不易。

大家或许都有和我类似的感受，年纪大了，随着烦恼的增多，肩上的负担也越来越沉，其中最大的一项便是"情债"。这笔债来自方方面面，包括你的亲人、爱人、朋友、同事等。单论朋友，不只是指那些不时会得聚会碰头的人，但凡在一起舒适愉悦，愿意分享心情的，都能被称作朋友。试想，小时候，你尚还会在年末给小伙伴写卡片，道："今年和你玩得很开心，祝愿明年还能一样开心！"年纪大了，不要说写卡片，就连一封电子邮件的问候也是少之又少。真的是大家太忙的缘故吗？

一年三百六十五日，你的每一天都少不了身边人的关怀和注目。高兴时，他们陪你一起笑；难受时，他们伸手拍你的背，给予安慰；意志消沉的时候，他们会欣然在晚饭时陪你共饮几杯。正因为有了他们，你的生活才能健康行进而不致脱轨。当然，你对于他人也会是这样的存在。

如果由于误会或者一些小事，而让你和那些珍贵的人之间产生裂痕，千万不要意气用事，任由误会一再推延，不得释解。抱着误会经过几个日落后，你或许便会永远地失去那个人。多么不值！为何就不肯放下架子，主动对他/她说："上次是我过分了，仔细想想的确是我的错。原谅我，让我们回到从前吧！"

年末时，细细省察一下自己在这一年里是否失去过谁？是否有意无意伤害过谁？如果有，那么轻轻给他/她发去一条短消息吧。"我们真的不再见面了吗？"如果对方有回音，那么不要怕羞，大胆地继续告白："我不想失去你……"

对方极有可能也有和你一样的心意，说不定当场他/她就会激动地想要抱住你，矜持一点的，表面上虽会嗔道："你胡说些什么呢？鸡皮疙瘩都起来了！"内心却喜不自禁。

与人重归于好的好办法

● 写信。准备一份小礼物及一封信或卡片，写道："不要生我的气，笑笑吧！"

● 趁对方单独的时候突然到访。突然出现在他/她面前，如果对方没有立时关上门，那么你已经成功了一半。

● 打电话。最好在夜深人静的时候给对方拨去电话，喃喃细语间，你们的误会也自然会慢慢化解。

● 装作若无其事，像从前一样地对待他/她。这会给对方传递一个信息：我始终都在这里，只要你愿意转过头……

47 不要为了男人背叛朋友

二十岁的时候，我的男朋友被好朋友H夺走了。之后，我和另一个朋友J深爱的男人开始了地下约会。这样二律背反的不齿行为，也只会发生在懵懂的二十岁。

那个被H抢走（还有比这更文雅的说法吗？如果你知道，麻烦告诉我）的男朋友是我的初恋，我始终记得分手那天他说的话："比起木头一样的你，她既懂得撒娇，人又可爱，我当然会选她。"一句话如利刃生生割过心头，我起初只是火冒三丈，接着便觉得了不尽的耻辱和悲哀。那天和他分开，我强拖着两条似乎已经不属于自己的腿往回走，在一条没有人的小巷，嗷嗷放声大哭许久。失恋的痛苦已经足够我受，更让人难以忍受的却是发现那个情敌竟是自己的好友。记起每次我和男友约会后的第二天，H都会饶有兴致地问我："昨天和男朋友去哪儿玩了？"有时她亦会假作无心地问："对了，你男朋友喜欢什么音乐？"过去不曾在意的一幕幕如潮水般翻涌而至，将我席卷至海底。我的心冷到了冰点。那是我平生第一次尝到背叛的滋味。

一年后，我正慢慢走出失恋的阴影，却不甚陷进了和另一个好友及她暗恋的男人之间的三角关系中。J有一次红着脸对我诉说自己爱上了一个学长，却始终没有勇气告白，甚至连看人家一眼都不敢。她拜托我代她向那个学长告白，接下来发生的事情不用我说，各位猜出来了吧。

后来我对J说："你那个学长说他暂时没有心思和女孩子交往，你还是死了心吧。"之后，我也有过一阵挣扎，想要远离那个学长。很苦恼。我明明对他也有感觉，为什么不可以和他见面？这么想着，便又觉得理直气壮起来，于是背着J和那位学长进行了长达一个多月的地下约会。喝茶、吃饭、看电影……后来的一天夜里，我梦见J站在一条黑暗的隧道里，看着我不住抽泣，我问她："J，你在那里做什么呢？"她低头抚着心口："……我这里很痛……"我从梦里惊醒，在那以后便患上了失眠。这是我此生经历的第二次背叛，不同的是，这一次我成了那个背叛的罪人。

我终于不能忍受生活被自责所笼罩，下定决心同那个男人一刀两断。

因为男人而背叛朋友的痛苦要远甚于因为朋友而离开男人的痛苦，为何？因为破碎的恋情可以被下一段罗漫史治愈，但是破碎的友情却总教人无计可施，甚至用一辈子的时间也无可修复，你将被不时涌上心头的罪恶感折磨至深。

男女对于“朋友”的不同定义

● 男人眼里的朋友。朋友是参军前拜托照顾女朋友的最可靠人选；在给女朋友买戒指却囊中羞涩时，朋友会毫不犹豫给予支持；在失恋后，狼嚎般失去理智时，朋友会给我一个耳光，让我清醒。然而这一切以及我和朋友的友谊，有时只因为一句“这个白痴，为了个臭丫头就神经错乱了”而轰然坍塌。

● 女人眼里的朋友。我和男朋友在一起时，朋友会对我“一起玩吧”的话当真，当电灯泡而不自觉；有约会的日子，朋友会在深夜打来电话，坚持要来我家玩；朋友会在我英俊的男友面前，没有一点好脾气。然而，这一切，只因为一句“我和男朋友分手了……来陪陪我”便会烟消云散，我和朋友的友谊照旧如花盛开。

48 用心唤回那些离你远去的朋友

忙忙碌碌地过日子，许多人和事仿佛烟云过眼，转瞬即逝，然而有时也会有个名字倏然浮上心头，好像盛夏午后突然落下的雷阵雨，毫无预警，让人短暂失神。她过得怎么样？有没有变漂亮？减肥是否成功？后来有没有去做激光手术摘掉眼镜？如此胡乱猜想之间，老友的音容笑貌愈发清晰，宛在眼前，你也不觉被她拉回到了那个散发着青草香的过去。

那时候，你们整天都形影不离，总有着说不完的话。然而此刻那个曾和你分享音乐、电影、绿树、流云的好友，在时间的曝晒下，也逐渐褪了颜色，仅留下一缕余香，专等未来的某一刻，在不经意的时刻，钻入你的鼻孔。

身边的朋友固然要珍惜，那些和你相隔千山万水的故人也要常放在心上。不要忘记从前每次她喊你名字时的那份亲热，不要忘记你们在一起共度的快乐或忧郁时光，当你意识到它们都在离你远去的时候，用心大声召唤朋友的名字吧！

不用怀疑，她定会回应你的呼唤。然后她会带着略微羞涩的微笑，走近你，一双手依然温暖而充满力量。你惊讶地发现，她俏皮的单眼皮不见了，打扮的风格也和从前截然不同了，你竟不信眼前这个穿着高跟鞋和套裙的优雅女子，会是从前那个爱放声大笑、牙缝里不时粘着辣椒粉、一条牛仔裤穿一年的疯丫头。然而，她的微笑和真诚的眼神总是不变的。

距离和时间给你们带来的陌生感很快便消失不见（这种"陌生感"也是愉快的），你们又回到了过去的亲密无间。她会指着晴朗的天空说："记得你最喜欢这种没有一丝云的天气了。"你则会眨眨眼，调皮道："哟，我怎么不记得对你说过这个？我最喜欢的可是潮乎乎的雨季！嘿嘿，你这个没良心的家伙，把我和别人弄混了吧？"

另外，我最讨厌在过节时给远方的朋友们发一些不痛不痒的祝福短信，我更愿意给他们一通真实的电话。当听筒里传来熟悉的声音，我的心便好像系上了开司米围巾，温暖而柔软。相信电话另一端的朋友也会有同我一样的感受。

为了那些远方的朋友，你该

- 不时寄去一封手写的信。长短都没有关系，但一定要手写，即使你因为太熟悉电脑而疏于书写，也没有关系，你的朋友不会介意你那些歪歪斜斜的字。

- 不时寄去意外的小包裹。为朋友准备一些维他命之类的小东西，或者她曾经爱读的漫画书和喜爱的小玩意。

- 没有提前通知的见面。事先没有一通电话，你突然出现在朋友的家门口，她会多么惊喜！虽然只是普通的吃饭喝茶聊天，但是你们的内心却是喜悦而充盈的。

49 不要试图成为所有人的好友

我有一个学妹，不但聪明可爱，性格又出奇的好，因而不管在何种场合，都会受到大家的喜爱。我一次都没有听过谁说她的不是，她不在时，满耳听到的也都是别人对她的赞扬。即便是初次见面的人，也无一不会被她散发的亲和力所吸引，急切地盼望下一次见面。

然而，就是这样一个“好好小姐”，常常竟会一个人过节甚至过生日，这实在有些匪夷所思。一天，我再也忍不住好奇，于是大胆向她抛出了心里的疑问。

“我实在不知道应该和谁一起过生日……”她思索了一会儿，答道，“如果我和P一起过，那么S知道了肯定会不高兴，如果我同时叫来J和K的话，她们俩又会互相看不顺眼，叫O的话，她和我又没有亲密到单独过生日的程度，怕她会觉得尴尬……总之，想了一圈之后，为了不让她们中任何一人觉得不舒服，我只能决定谁也不叫，自己一个人过。”

她的一席话乍听之下似乎有道理，但是仔细一想，却让人心寒不已。我为她觉得悲哀：虽然她被那么多人认可和喜爱，可自己却是孤独的，她竟连一个真正的朋友都没有！她把自己所有的热量都给了别人，却把热闹过后的清冷和空虚统统留给了自己。当然，或许这些都是她的个性使然，而并非出于她想成为所有人好友的想法。但是有一点是确定的，即她真正不懂得朋友意味着什么。

小时候，我以为朋友多是件光荣而美好的事。尤其在生日晚会后，拆礼物拆到手酸，心里却得意非常，"今年比去年又多了三个朋友呐！"我单纯地以为，收到多少份礼物便有多少个朋友，礼物越多，朋友越多，生活便越美好——这些想法在我进入社会后被一一否定，也最终被排除出了自己的价值体系。

在经历伤害和背叛后，我渐渐明白了"朋友"两个字的份量，真正的好朋友，不论何时何地都会坚定不移地站在你这边，但这并不意味着她会认同你所有的观点，也不会总随传随到。

我还记得自己小时候，父母曾感叹："一听到你们几兄妹提自己的好朋友，心里就发紧。"为何？读完我们这些兄妹的"事迹"后，你便明白了。我的哥哥为了接济一个独自生活的穷兄弟，曾长期偷出家里的大米、饭菜、录音机，甚至洗手间里用剩一半的卫生纸给他；我的妹妹也不出其右，同好朋友父母的亲密程度竟甚过自己的亲生父母。这些一度让我父母唏嘘不已。然而，到如今许多年过去，他们同那些朋友的友谊仍在继续，实在不能不让人叹为观止。

一生能有三个真正的好朋友便已是十分的幸事，这里所说的"朋友"绝不是那些在一起时嘻嘻哈哈的"玩伴"，他/她定是能和你心神相通，共同分享生命中点点滴滴的同路人。真正的友谊是不拘小节的，亦是包容一切的。真正的朋友不论你贫贱还是富贵、落魄还是得意，都会始终不渝留在你的身边。

"万人迷"的苦恼

● 朋友的重大决定，你总是最后知晓。朋友交新男友，或去留学等重大决定，你总会是最后一个知晓的人。人们总愿意把重要的事情最先告诉自己最亲密的朋友，而作为一个同所有人都亲密的"万人迷"，是永不会入选的。

● 平日里夜夜笙歌，寂寞时却无人陪伴。别看你平日里周旋于众人间，如鱼得水，然而一到自己真正寂寞、想要人陪伴倾诉的时候，却想不出一个合适的名字。

● 没有一个真朋友。不要对我说，你的朋友遍天下。越是这么说的人，越多酒肉朋友及场面上的泛泛之交，至于真正的朋友，恐怕是一个也没有的。

50 倾力协助朋友的婚丧大事

有句话说得好："悲伤分享后会减半，快乐分享后会加倍。"我对此深有体会。我的父亲在2000年去世，虽然明知生老病死是人间常事谁也逃不过，但看着自己至亲的人永远离开，内心的痛楚是无法言喻的。作为爸爸生前最疼爱的小女儿，我几乎昏厥在了葬礼上。

参加葬礼的亲朋好友，纷纷过来握住我的手，无言地给我力量。当我看到那么多远道而来的朋友出席葬礼，心里不由升起一股暖意，哽咽着说不出"谢"字，只是簌簌流泪。那泪水，一半是因为悲痛，一半是因为感激。我心想着该如何报答这份深重的恩情，内心油然而生的那份对人情的感动救了我，让我在父亲去世后，更加坚强。如果没有他们紧握着我的手，如果没有那些适时的玩笑，如果没有他们陪我熬夜，又一起披着清晨的露珠喝解酒汤，我恐怕会在悲伤里沉沦更久。是他们替我分担了那另一半的痛苦，就是这样的共同担当，使朋友真正成为朋友，使人真正成为人。

如果说分担忧愁是雪中送炭，那么分享喜悦便是锦上添花了。人生最大的喜事莫过于结婚。每次参加婚礼，当听到司仪宣布"两位新人从此结为一心，携手共走人生路”时，我都会觉得莫名的感动，认为那是一个光荣和生命诞生的瞬间，而自己作为见证者，怎能不喜悦。另外，像周岁宴、六十大寿等我们习以为常的喜事，也皆要宴请亲友。作为主人，与人分享喜悦会使自己的喜悦加倍；作为客人，给出祝福的同时，主人的那份喜悦也会深深地感染到自己。很多人会在自己的婚礼后，重新检视过去的人际关系。标准很简单，便是亲友的出席与否。相信谁都会有此体会，对那些出席自己婚礼，并给予祝福的人，总会觉得怎么感激都不够。

在礼金的问题上，千万不必觉得不好意思接受，因为那些红包，已经超越了金钱的范畴，那是亲友祝福你未来的一个仪式，都是一颗颗真诚而炽热的心啊。你现在已到了需要给他人更多关注和支持的年纪，把心放宽，眼界抬高，你会看到自己亦不过是这社会的一分子，个人的能力再高，个性再独立，也少不了他人的嘘寒问暖，尤其遇到婚丧大事时，更是如此。所以，为了建立起一个成熟的人际关系，你必须首先身体力行，只有你主动助人一臂之力，在你办事时，才能得到他人有力的支持。

婚礼，红包里的人情

一万韩币（一万韩币约等于八十元人民币。—译者注。）

我来过啦～！

两万韩币

怎么，这个数字有点不尴不尬？哎，我总不能只送一万啊！

三万韩币

祝福你们！这是我的一片心意！

四万韩币

一不小心多放了一万，或少放了一万！（韩国人送礼喜欢单数。—译者注。）

五万韩币

不管怎样，我对你的祝福是真心的！

五万韩币以上

（同性的话）臭丫头，居然比我还早嫁出去！一定要好好过日子啊！

（异性的话）哎，站在你旁边的那个人，本来应该是我的……

51 不要在家人面前忍住眼泪

对于很多人来说，只有在一些重要的时刻，譬如在面对出生或死亡时，才会在家人面前很自然地流泪。然而在很多悲伤难过的时刻，他们却羞于在家人面前表达自己的情感。

有趣的是，有很多在社交场合的活跃分子，在家里却是个寡言的人；很多在外人面前内向安静的人，回到家却可以叽叽喳喳说个不停；很多人能够在朋友或恋人面前尽情流泪、宣泄情感，面对家人关切询问的眼神时，却总是抵触："我现在不想说话，让我一个人静一静，好不好？"

当你遭遇绝望，或被悲伤深深包裹，甚至连走路的力气都没有的时候，自然会想到找一个最亲近的人诉说，寻求安慰。然而，那个人往往却不是和你血脉交融的亲人。你不会想到给家人发短消息说："我好难过，姐姐能不能来看看我？"或"我实在太生气了！爸爸，我想见您！"同在一个屋檐下，却不能够彼此敞开心门，为什么？是你觉得自己的生活和家人无关？还是向家人展露内心会让你觉得难为情？或你以为他们不可能知道你心里在想什么？非也！你之所以对家人关闭心门，多半是怕他们会因此而替你担心。你不愿意在他们面前流眼泪，是因为不愿意让他们心痛，更不愿意看到他们知情后对你小心翼翼同时又束手无策的样子——这会让你愈加自责和愧疚。

但是，你要知道，在家人面前忍住的泪水，到最后终究仍会看在他们眼里，流进他们心里。你那泪水里呼之欲出的忧郁，会让他们更加不知所措，更加难过。他们反倒希望看到你放开胸怀大哭一场，把委屈和痛苦都一一倾倒出来。

记住，即使全世界都背叛你，家人也总是站在你这边的，对他们，你永没有必要隐瞒，也永不必强忍住委屈的泪水。

这些眼泪，还是忍住的好

- 因为家人不给你零花钱、不给你买某样东西而任性撒娇的眼泪。

- 在外面和某人大干一架后，一面叫嚣着“气死我了”，一面气得直掉眼泪。

- 因为兄弟姐妹之间的争执而钻到父母怀里哭鼻子告状。

52 永远不要怨恨妈妈

世上所有的女儿都是罪人，都是"承养育之恩，却至死不懂母亲心意"的罪人。当然，你的母亲之于她的母亲也是一样。你的母亲教训你的方式，承自你的外婆，而你也将以同样的方式对待你未来的女儿。同样的，你现在对母亲的不满，将来你的女儿也会一样朝你宣泄。母亲和女儿之间的矛盾，便是如此的微妙且世代相承。

看二十世纪八十年代的电视剧，剧里的女儿们无不咬牙发誓自己不要过母亲一样的生活。那时韩国社会仍十分贫困，年轻人不想和上一代一样勒紧裤腰带过日子，亦是无可厚非。而现在经济发达了，生活变好了，放眼望去，做女儿的照旧还是认为母亲古板，母亲的生活枯燥无趣，叛逆之情同从前如出一辙。

母爱的原罪造就了名为"女儿"的独特群体。她们自母亲那里接受一切无私的爱，在母亲怀里肆意撒娇，然而从某一天起，她们却开始有意识地同母亲疏离，慢慢将母亲排除出自己的精神小世界，在自己和母亲之间建筑起一堵墙壁。时间流逝，母亲白了头发，女儿亦没有知觉。这是多么残忍的一件事！

我想问问那些口口声声说不想和母亲过一样生活的女儿们：你有没有站在平等的位置上，思量过你和母亲之间的关系？说到底，同是女子，所不同的只是，一个较年长，而一个相对较年轻罢了。在母亲面前，你丝毫没有任何优越感。她亦曾年轻过，你亦将同她一样老去。虽然母亲在你面前许多时候都表现得像个弱者，事实却正相反。你是借着母亲的子宫才来到这个世界，单凭这一点，终生在她面前你都应保持谦卑的姿态。而如今的现实竟是：常常表现谦卑的人不是你，而是母亲。可是你知道吗？她的谦卑不是出于懦弱，而是出于对你无尽的爱啊。

母亲给予你的，不论昨天、今天还是明天，都是一样崇高而神圣的爱。而你能够爱她的日子，却一日少过一日。

想想看，某一天，你的子宫里也会孕育出珍贵的女儿。你难道会愿意看她长大后同你疏离的背影？如果不，那么，现在就站起来，怀着颗感恩的心，去拥抱一下自己的母亲吧。

从小事做起，关爱母亲

- 和母亲一起去电影院看电影，然后在环境幽雅的咖啡店喝茶聊天。
- 在自己的生日，为妈妈准备一件礼物。
- 对她说，你深深感谢她把你带到这个世界。
- 常常对她说：“我爱你，妈妈。”
- 为她日渐干燥的双手和脚后跟涂抹润肤乳。
- 带她去你常去的高级美容院，将她斑白的头发染黑。

53 不要破坏父母的“二人世界”

小时候我是个“无法无天”的疯丫头，大人们纷纷对我摇头：“这孩子长大后不知道会变成什么样子……”

上学读书前，我有时在清早醒来，便会揉着惺忪的双眼，走进父母的房间，蛮横地夹在他们中间，钻进妈妈的怀里。直到现在，每当我清早醒来，都会回忆起那时候父母被褥的那份温暖和甜蜜。同时也会后悔——父母有早睡的习惯，所以醒得也早，醒来后有时会躺着聊会儿天，然后才起床开始一天的忙碌，而我的介入却一再破坏了两人珍贵的独处时间。

我曾遇到过一个中年的女演员，她对我感叹道，婚后的最初几年，自己几乎把所有的时间花在了事业上，忽略了家庭，然而等自己把重心转移回家庭，却发现同丈夫竟无话可说。并不是不爱自己的丈夫，夫妻双方也都对家庭尽责尽力，然而坐在一起，却总是难堪的沉默。她苦笑道，这么多年来，自己竟不知道丈夫已经打了十来年的高尔夫球，不知道他喜欢红酒，不知道他从什么时候开始穿着袜子睡觉……她最后说，如此名存实亡的夫妻，单是想到便觉得可怕。

我默默听着她的诉说，脑中不由又浮现出了幼时父母温暖的被窝。当时若没有自己的蛮横介入，他们或许会有更多的时间悠悠地谈论邻居家的闲事或自家的小狗，这样的话题看似琐碎微不足道，却十分重要，能让两人在谈论中不断加深对对方的了解。这便是交流对于夫妻的意义。

如果你是个聪明的女儿，就不要去破坏父母的“二人世界”。即使他们在一起也说不了几句话，即使他们谈论的事情微小而无趣，也要尽可能地让他们更多地单独相处，让他们在往后的日子里，多创造一些只属于他们自己的回忆吧。

不要破坏父母的“二人世界”

● 送他们两张电影或演出票。有的时候，也可为他们订一间酒店的周末套间，当他们在享用酒店丰盛早餐的时候，会极其欣慰地对对方说：“我们真是生了个孝顺的女儿啊！”

● 送他们情侣服或情侣鞋。你可在给自己和恋人选择情侣服时，留心给父母也多买一套，吩咐他们一起出门的时候穿。如果他们不喜欢，那么你也可在他们每次出门前，有意识地建议他们穿同一色调的衣服。

● 送他们两个人去旅行。他们嘴上会嗔责道：“还是和你们一起去有意思嘛！”但心里却是欢欣无比的。记得，多给他们准备些旅途用的零花钱。

● 睡觉前，给他们做面膜。给他们细心贴上补水面膜，然后悄悄地溜出他们的房间。你会高兴看到他们聊着天入睡的样子的。

54 不要一生都把家人背在自己的肩上

令人惊奇的是，在我的周围有着不少所谓的“少年家长”或“少女家长”，也就是那些把一家人的生计全部背负在自己一人身上的子女，即便他们已经成年，过了被称为“少年”或“少女”的年龄。那位记者请你收起手帕，我这里不是要讲那些发生在社会底层贫困家庭里的“催人泪下”的故事。

我要讲的“少年家长”们包括年薪过百万的高收入人群，以及那些挣扎在基本生活水平边缘的人群，形形色色的他们有着一个共同的特点，即是，都挣脱不了家庭的束缚。他们中的有些人将月薪都悉数交给了母亲，或变成了弟妹的学费及零用钱；有些高收入的牙科大夫，却不得不时刻面对父母伸手时的理所当然：“我们出钱给你读了医科，现在轮到你报答了，给点钱让我们开一间小店吧！”同时他还得面对弟弟一家的白眼：“都因为给哥哥读书，自己都没能上大学……”甫离婚的姐姐也毫不客气地向他伸手要生活费以及侄子的补习费。

“少年家长”们将自己的生活同家人紧密地拴在一处，甚至不惜将一大家整个背负在自己的肩上，将自己压得步履蹒跚也在所不惜。

此时，若有人对他们说：“你完全不必如此，放下你的家人，轻松上路吧！”——他们必会对之置若罔闻。为什么？因为这些年来，有一条观念已深深烙在了他们的心头：“家人即是我的命运。”

那些坚信家人是自己全部的人，往往会成为最极端的“排他主义者”，对于别人的家人，他们一律不会给予重视。相互过于依赖的家庭环境造就了此类人。譬如某些父母，只要看见子女，所有的烦恼便会烟消云散，子女是他们活下去的力量，亦是他们存在的理由。父母如此盲目的爱，对于子女来说一方面是哺育其成长的养分，一方面却又是束缚其独立飞行的绳索。

幼儿园时的你是“全世界最漂亮的小公主”，处于发育期的你是“婷婷玉立的美少女”，大学时的你是“妈妈的朋友，爸爸的恋人”——在父母的眼里，你总是那个最美的存在，反之，父母在你眼里亦是如此。然而随着时间的推移，你终要离开他们温暖的怀抱，或独立生活，或组建新的家庭，而他们也终将体尝到割舍的痛楚。只有如此，人类社会才会得到发展。

家人是这世上我最亲近的“人生观察者”及忠实的“进谏者”，爱将你们紧密地维系在了一起，然而做子女的，终须脱离家庭的巢，学会自己飞行。这里提及的“脱离家庭”不是幼稚地离家出走，而是建立在精神独立基础上的真正独立。虽不能一生相守，却要一生相望，这才是正确健康的家庭观。家人不是你的命运，而是与你一起开创命运的同路人。

如何从家人处做到独立

- 从父母处独立。对他们宣称："我不再是个小孩子了！"你深深地感谢他们的养育之恩，但还是要勇敢地钻出他们保护的羽翅。

- 从兄长处独立。你不再是哥哥姐姐眼里不懂事的小丫头，而开始以平等的社会成员的身份与之交谈。

- 从弟妹处独立。不要听凭弟弟妹妹对你一次次的撒娇，否则他们会得寸进尺依赖你更多。你有义务向他们灌输独立的观念。

55 制定一张每日计划表 尽力付诸实施

看到这个标题，你定要笑了："都这么大了，还画什么每日计划表，又不是小学生！"此言差矣，每日计划表不是小学生的专利，对于成年人，它可使你的生活变得简单而充实。

着手制定前，你一般首先需要考虑的是起床和就寝的时间，前者由于上班时间的存在而较为固定，后者则变数众多，你常常会因为突如其来的聚餐派对或加班，一直到凌晨才得以回家。既然存在变数，又何必要白纸黑字定下起床和就寝时间呢？原因在于，从某种方面来说，它更是为了培养你对于生活的积极态度。

制定计划表最忌讳像小学生一样定得整齐划一，"每天我必须几点起床几点吃饭几点睡觉，否则的话……"如此没有弹性的计划表或许适用于放假时的小学生，却绝不适用于业已成年的你。

从起床就寝，到每天做的每件事，毋须每一项都定得滴水不漏没有余地，尽量给自己一个宽松的空间去一一付诸实现。起床后你可给自己留出一段时间，做做伸展运动或瑜珈，晚饭后的电视节目，你亦有多种多样的选择。你可将一天内的任何闲暇时段安排为"读书时间"，而不是非要定在清晨或睡前；定为“家庭时间”也是好的，给妈妈染染发，替爸爸擦擦皮鞋，跟妹妹谈谈心，给哥哥煮碗面并借机索要零花钱等，这些都可列入你的计划表内。

至于计划表里的回家时间，你可使用“最迟几点”的格式。不要咬牙规定自己一定要做到晚上九点以前回家，做不到便会自责或惩罚自己。你的计划应制定得更具体些，列出“没有特别事务时”、“见朋友时”、“过夜生活时”等几项不同情况，分别酌情制定“最迟几点”回家的计划。

如果你已将计划表定得十分有弹性，自己却仍没能够遵守，那么也不要有自责。计划表不是规章制度，而是一面镜子，让你看到自己能够遵守多少和自己的约定，以及让你意识到一天里会有多少被浪费的时间。如果你因为计划表的存在而感到了压力，那么就干脆撕掉它吧。如果你能够坚持下来，那么随着时间的流逝，你会更加尊重自己，爱自己。因为你真正做到了“独善其身”。

我曾做过的"幼稚行为"

- 绘画日记。用图画来记录一天发生的事，没体验过的人不会知道其中的乐趣。比起在电脑上敲出一些没有温度的文字，倒不如从容地用蜡笔绘出自己的一天，不管是忧郁蓝还是欢欣粉，都是专属于你的独特心情。

- 回母校（小学）荡秋千。回母校太远了？生活太忙抽不出空？我也曾有种种借口，毕业后便再没有回过一次母校。有一天却心血来潮，跑回母校荡了一下午的秋千。当时心里的平静和快乐是无法言喻的。

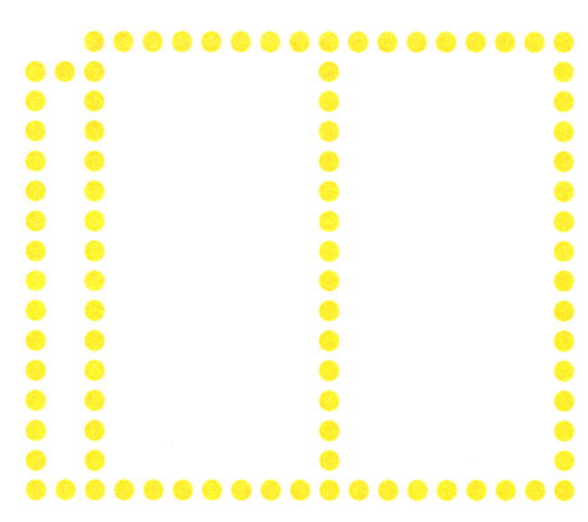

56 大胆地回答你喜欢什么

小时候去小伙伴家里玩，女主人总会亲切地俯身问我："呀，看谁来啦？你想吃些什么呀？"

小伙伴来我家玩的时候，妈妈也会问他们一样的问题："智英好久没来玩了，喜欢吃点什么？"

不知道我的小伙伴会怎样，反正我每次遇到这样的问题就会十分头疼。我又不能对女主人说："我喜欢酱油腌的年糕，和放很多酵母粉的长崎蛋糕（又名cast ella，最初自葡萄牙传入日本，是一种由砂糖、鸡蛋、面粉做成的糕点）。"或对盘算着用果汁和炸鸡腿招待小客人的妈妈说："智英不喝碳酸饮料，却喜欢自制的酸梅汤，零食她喜欢在平底锅里煎到微焦的米糕……"哎，你喜欢什么？多么平常的一个问题，却为何总让人不知如何回答？

一向不喜欢送礼的男朋友，突然有一次在圣诞节前夕问我："这个圣诞，你想要些什么吗？"

我心里一阵欢喜：我想要B品牌这一季新出的包包，还要一把漂亮的躺椅，可以让我在家里舒服地读书……但是慢着，这些又似乎不是自己真正想要的东西……我的心念着不要错过大好机会，嘴里却最终干巴巴地吐出几个字：“唔……唔……要什么好呢……”

男朋友见我如此，只好说道：“那我就自己看着办了。”我这才颓然地说：“那……我的粉饼快用完了……你就给我买个A品牌的替换装吧！”话音落下，男友嘴角滑过一丝笑，而我却为自己的口不对心悔青了肠子。

一次看电视，主持人问嘉宾：“你知道自己真正想要的东西是什么吗？”如此一个貌似简单的问题，却没有一个人能够当场回答出来。我看后十分震动。自己也好，周围的人也好，都好像总被一种莫名的不满足感追赶着，内心也总似怀着一个怎么也填不满的空洞，然而，我们却不知自己真正要的、喜欢的是什么。机会只降临在有准备的人头上。为了下一次不再面对“你喜欢什么”的问题时慌了手脚，你就要在平时做好准备。如果每次都敷衍回答：“呃……我什么都喜欢。”那么你真的会得到那些“什么都不是”的东西。

为此，每人都有必要为自己列出一张“愿望单”（wish list），一方面为的是激励自己努力争取，一方面则是为了应付随时可能面对的提问。只有真正了解自己喜欢的东西，才能够堂堂地和对方谈论自己；只有清楚了对方的喜好，才能够有效地拉近你们之间的距离。

机智应答"你喜欢什么"

● **问话者为男友时。**他的潜台词是："你想要什么我都会尽力买给你。"你可以要求一些时间考虑，然后根据你爱他的程度，慎重说出一样"重量级"的物品。

● **问话者为学长或上司时。**如果提问者不是简单地想知道你喜欢大酱汤还是意大利面，而是询问你平时喜欢的事情的话，那么他的潜台词是："告诉我你的人生观或生活态度。"这时，你只需冷静地搬出平时准备好的那一套"冠冕堂皇"的说法即可。

● **问话者为相亲对象时。**应避免专拣好听加分的话来回答对方，好像明明不懂戏剧，却说自己是个"戏迷"，以后若同对方建立起稳定的关系，那么这些话必定会不攻自破，给自己带来麻烦。所以你回答时的态度必须是谦逊而实事求是的。

57 给自己打造一个完美的背影

我始终不能忘怀两位女子的背影。

第一个背影的主人是几年前我在工作中遇到的一位公关公司职员。她的头稍稍朝一边歪着，左手不时调整着无力下滑的背包带，微弓的背部充满了紧张，仿佛背负着千斤重担——在见到这个背影之前，我曾和她交谈了三十来分钟，期间她的瞳孔总在不安地闪烁，说话没有头绪，无法让人明白她想要表达的主旨。后来我决定中止对话，她起身离开，于是我便看到了上文的那一幕。自此，那背影便作为"艰难忧郁女性"的典型形象，深深刻在了我脑海里。它让我懂得，人的所有负面情绪，不论是混乱的思绪、忧郁、愤怒还是迷茫，有时不一定会形于色，却必定会在背影上展露无余。

第二个背影属于一位自由撰稿人。我和她也是因为公事而见的面，谈完工作后道别，而她起身离开的身影是那样迷人，以至让我一时说不出话来。挺拔的背脊，坚定却不失优雅的步伐，一面走一面不忘同人轻盈地点头致意。虽然同她的那次会面并没有给我留下深刻的印象，然而却因着那个背影，我便对她产生了一股莫名的好感。

谁会不心仪于这样的一个背影。挺直的背脊，如模特般纤细挺拔的双腿，不紧不慢坚定的步伐——如此的背影，即便在历经长久分离后，也会长久地留在她的爱人或友人的记忆里。但若没有一颗光明正大的心，对生活不充满了自信，哪来这样教人难忘的背影？脸孔和神情都可修饰，惟有背影永远真诚。要知道，即便是瑜珈高手，忧郁时，其背影也会有弯曲。

就像一首诗句里写的："最美莫过她的背影，她深知何时该转身，并离去。"

固然，知道何时离席的女子，有着美丽的背影，但是那些懂得怎样离去、对脚下的道路了如指掌的女子，她们的背影则更加迷人且充满智慧。

如何创造自信的背影

- 不要把一双皮鞋穿到破。长期穿着同一双皮鞋，不仅会让你的脚步显得凌乱，也会让背后的人觉得你是个懒惰的女子。

- 多留意内裤的边缘。穿着紧身裤或迷你裙时，臀部上鲜明的内裤边缘痕迹是不能被原谅的。所以选购内裤时，应尽量挑选轻薄透气、边缘"隐形"的，但要注意不要选购那些腰身太低的，否则会让你的小肚腩突出得更明显。

- 走路站立时不要把体重压在一条腿上。否则，骨盆区域会因为过于紧张而堆积脂肪。正确的站姿应为直立，肚子稍稍内收。

58 三年内一定要达成的三条计划

为什么要定下三年的期限？因为一年太短，才定下决心，转瞬就又过去了，两年稍显仓促，四年则太长。为什么是三条计划？因为一条很难决定，两条的话感觉索然无味，若定下四条，又有可能一口气列出十条二十条来。然而，话又说回来，不论期限长短、愿望大小，有目标的生活总要比没有目标的生活充实一百倍！

注意事项是，目标要越单纯越好，计划则要越具体越好。应避免将消费型的生活必需品（譬如衣服、皮鞋等）列入清单，而应设定一些需要付诸一定努力及忍耐才可达成的目标。这里没有一个标准的模板，如果一定要探究，那么大致可分三类：健康及容貌等外在目标、经济目标、充实自我的内在目标。如果你能够达成以上的三点，那么你的人生必会是充实且美满的，而不是把光阴都虚耗在了那些无目的的消费及投资上。

如果你的目标是拥有玉珠贤（韩国原女子组合FINKLE的成员，因练习瑜珈而减肥三十公斤）那样完美的身材，一气从70公斤变成一个仅40公斤的瘦子，那么借鉴他山之石是极有必要的。瑜珈、健身、再加上并行的饮食调理，颀长的双腿及纤纤小蛮腰就不再是玉珠贤的专利。

然而如果你定下的目标是拥有宋慧乔一般的美貌，那么就有些困难了。身材通过减脂塑形就可得到改善，构成容貌的骨骼及皮肤组织就不是那么容易更改了。但是，拥有宋慧乔的微笑却是有可能的，你只需给你的微笑添加一些“我最珍贵”的自信，及些许的娇憨，然后对着镜子多加练习，时间一久，你会发现别人注视你的目光在改变。

当然你也可为自己立下“存折数字过一百万”的目标。操作起来也不像想像中的困难，你只需扣除每月储蓄保险等固定支出，便可计算出在未来的三十六个月里每月应当节省的花费。但是不要忘记一条至理名言：减少支出是最有效的理财方式。所以，要“节流”，而不要盲目“开源”。不要抱着那一百万的目标，一头热便扎进风云莫测的股市或证券市场，因为，三年后你账目上的数字有可能会是负的一百万。

经济独立或生活独立也不失为一个好的目标。如果你正和父母同住，那么何不计划一下三年内搬出去独立生活？如果你正和朋友合租一套公寓，那么何不现在起就开始存钱，好让自己能够支付得起整套公寓的租金？不要误会独自居住会很孤独，试想一下每晚站于自己的窗前俯瞰世界时的感觉，那样的满足和欣慰没有体验过的人不会明白。再者，如果在婚前没有享受过独自居住的乐趣，那人生岂不少了许多滋味？

当你学会独立生活，独自面对问题、解决问题后，你的责任感自然也会加强，亦会较从前对父母更有孝心。试想，到底是每天对无辜的母亲发无名火好呢？还是一周、甚至一个月见一次面，但每次都对其体贴有加的好呢？答案自然是后者。我本人便对此深有体会，希望各位能够听进前车之鉴。

梦想着环游世界也是好的，虽然人人都会有此梦想，但是真正将其付诸实现的却是凤毛麟角。“结婚”也不失为一个不错的目标，虽然变数众多，但是也值得挑战努力一把。

好，目标定好后，就将其写在日记的扉页上，每天看着激励自己吧！当然在决心发奋喊口号的同时，也不要忘了将细部计划一一落实到每天的生活里去。

这三条计划如何？

- 尝试三种类型的爱情。何不让自己体验一下三种不同颜色气味的爱情？像个狗仔队似的跟踪某人，或陷入一场“山无棱天地合才敢与君绝”的热恋里燃烧自己（到现在都未曾经历过吗？嘿嘿），或尝试遭到深爱的人背叛的滋味，那虽然会让你恨得牙齿咯吱响，却是一次难得的人生历验，过后你会懂得，不是谁都会真正爱到海枯石烂的。

- 取得三张资格证书。尝试以一年为单位，用三年的时间取得三张不同的资格证书，譬如驾驶执照、厨师资格证、日语能力资格证书等。自主的学习要比想像中难得多，开始时会觉得目标实现遥遥无期，但是一旦凭借努力达成，那时的满足感也是非比寻常的。

59 不要忘记这个世界是以你为中心而转动

小时候，母亲常将鱼肉夹到子女的碗里，把鱼头留给自己，还笑着说自己最爱就是鱼头。子女长大结婚后，有了自己的小孩，才明白母亲那样做是为了把鱼肉留给孩子吃，才明白自己便是母亲世界里的全部。但是如果母亲当时如此说："孩子啊，虽然妈妈也喜欢吃鱼肉，但是为了你，可以不吃。"那么你是否还能够像从前那样安心地大啖鱼肉呢？

你眼中生活的模样，很大程度上取决于你将世界的中心置于何处。不久前，我有幸遇见电影《无极》的导演陈凯歌，他说："有句话说得好，叫性格决定命运，电影的主旨也是为了表现这一点。虽然谁也不知命运是否是一早就注定好了的，但是每个人的生活到底还是取决于他自身的想法和取向。"我赞同他的观点，也认为个人的价值观是能够超越天定的所谓命运。

过了二十岁，你最要紧做的一件事便是"证明自己"，不为他人，而是为了你自己。如果自己都不懂得如何爱自己，又如何去爱别人，如何为了一些事去献身？爱自己，就要从现在开始做起。让自己变得漂亮些，让自己的生活更充实些，不论参加什么聚会，都能让自己成为让使人愉悦的存在。

有些人始终怀着一个傲慢的观点：我知道自己是个不错正直的人，假以时日，大家总会明白的。怀有这样的想法的人，多数都会疏忽自己与他人及世界的交流，如此消极地"证明自己"，到最后若发觉他人到底还是忽视否定了自己，一般都会大发雷霆。

别人对你的想法往往取决于他们眼里所看到的。一般来讲，人们会倾向于喜欢能够活跃聚会气氛的人，欣赏能把自己的假期安排得充实并井井有条的人，而不是那些一到假期就把自己关在屋里的人。

我认识一个在快餐店里打工的富家小姐，年仅二十五岁，却是我生活的榜样。她每天都过得非常忙碌，要同她见面，需要提前一周预约。虽然家境富裕，但她还在不同的地方兼职，美甲店、美容店、书店甚至美术馆，也会不时去养老院，陪老人们聊天。这些，看在为讨生活而奔波忙碌的我的眼里，不免会有些嫉妒："何必呢，让自己活得那么忙，不累吗？"

而她却笑着回答我："姐姐，不要以为你不能够过这样的生活，也不要觉得已经来不及。尝试一下吧，随时开始都来得及，这样的生活真是棒极了！"

让自己站在世界中心的几点要诀

- 挺起胸脯抬起头凡事须有自信。只有你学会了抬头挺胸面对这个世界，才会有立于世界中心的资格。

- 知晓自己所擅长的事情。明确知道自己擅长及不擅长的事情，是通往成功的要诀之一。

- 可适度"狂妄"一些。知道适时展现自我的人，身边总会簇拥着许多人：嫉妒你的人、追随你的人、赞誉你的人……只有身处在这些人其中，你才不会给自己找理由偷懒，并不断激励自己前进。

60 寻找 比约会更有趣的事

女人不是为了"集三千宠爱于一身"而来到这个世界的，如果你只热心于恋爱，除此以外对其他的世事都是一摸黑，那么对不起，我要说你是一个不折不扣的傻瓜。能做的事那么多，你却除去恋爱什么都不知，怎么行？！

有人说，女子生来便是为了爱，爱与被爱。说这话的人十有八九是个男人，他不知女人有多复杂和灵敏，也不会真正明白爱的含义。越是为了爱倾其所有甚至不惜出卖灵魂的人，越是坚强，即便在为爱消耗掉所有热情后，他/她也可自己爬起来继续生活。反倒是那些不曾为爱付出多少的人，会把"爱是一切"挂在嘴边说。孰不知，爱真正重要的不是爱情本身，不是奉献，不是个人利益，而是尽全力追求各自价值的过程。

自然，许多女子会说，自己最幸福的时刻来自恋人对自己的爱。的确，恋爱中的女子，整个心都被幸福感充溢着，走起路来脚步也无比轻盈，仿佛云中漫步。在荷尔蒙的作用下，她的皮肤变得光滑，两颊生气勃勃有如绯霞。然而爱有魔力让人欲仙欲死，同样也有魔力让人痛不欲生。好像硬币，有正面便必定有反面。不少女人便误入歧途，中了恋爱的毒。即使和爱情无关，她的身边也必须要有异性的陪伴，否则便会觉得空虚难耐；周末的夜，如果没有异性打来的电话，她就会兀自忧郁起来；如果你劝她独自一人时，可做做运动，或发展一下自己的兴趣爱好，她是断不会听得进的。

花无百日红，充满了甜蜜的约会也绝无天长地久之理。所以，不论现在你身处恋爱、单身，或是遭遇失恋，都不能够把生活的重心倾向于约会带来的愉悦感。为了自己的未来，在更多有益活动上投入时间是必要的。

频繁的约会，不知荒废了多少女子的青春。女人呐，与其整天不安地查看电话短信、等待约会，何不将时间花在更有价值的事情上呢？阅读、绘画、访友，甚至也可不时去福利院或养老院做做义工，尝试一些与平时不同的生活，会让你脱离对男人的依赖，过上独立却充实的生活。总之，你不能做一个除去恋爱什么都不懂的傻瓜。

不依赖男人不代表要远离男人，不论你是否结婚，只要没有去当修女或尼姑，那么这一生势必要和男人产生联系。但是你要让自己成为一个即使一时没有异性陪伴，也能够安然平静充实过生活的女性。如此，你的生活质量，以及对未来的视角都将有大的改观。

周日的下午，不要再挂着约会，为自己找几件有意义的事去做吧。有时只需轻轻地迈出一步，那扇通往美好未来的大门便会向你开启。

女人为何会成为约会偏执狂

- 第一，在男人面前，女人会本能地展现出自己美丽的一面，这让她们感觉良好。

- 第二，女人十分享受于男人注视自己的目光。

- 第三，女人和男人一起时，时而会陷入错觉或想像的漩涡里。

- 第四，只需一点努力，便可轻易得到她想要的东西。

- 第五，男人的爱慕是女人自信的源泉。

61 不要被"姐妹文化"绊住双脚

下课铃声响起，老师走出教室，学生们开始走动喧哗。一个脸上生着雀斑的少女转向她身后的梳着羊角辫的女孩，两人一起手拉手走出教室，一直走向走廊尽头的洗手间。排队时，两人并排站着，不住说着悄悄话。"雀斑"先上完厕所，站在洗手间外等着"羊角辫"出来，接着两人再次手拉手走回教室。

我从小上的是女子学校，这样的场景对我来说再熟悉不过。我也曾和朋友一起手拉手去洗手间或小卖部，头碰头一起吃零食，聊天说笑。有时我会觉得我们就好像一群鸽子，啄食时围成一个圈，睡觉时脑袋埋在各自的脖子里，嘴里还"咕咕咕"叫唤个不停。

然而有一天晚上，我落单独自坐在空无一人的篮球场看台上，什么也不说，什么也不想，心里竟有一种难以言喻的轻松，好像得了解放一般。那以后，我便会不时在晚自习的时候，避开朋友，一个人跑去篮球场看台上发呆。也就在那时，我开始反省：整天里成群结伴形影不离，难道真的是出于友谊？不，不，那只是习惯罢了。

现在想起来，那时对群体的依赖，确是一种幼稚的"姐妹文化"。

对群体中某个稍强势的人投以艳羡仰慕的目光，然后毫无主见地跟随其后，随大流地活动。

这种习惯一旦形成，便极难摒弃。不论是买衣服、约会异性朋友，或者做某些重大决定时，你都会自然想到去倚靠自己的“姐妹”。仿佛患上“软骨病”的人，腿脚软弱，不依赖他人，自己便无法独立行走，而一旦将自己汇入群体，言语行动又多夸张不实——这样的人，很难说其人格是健全的。

“姐妹帮”不同于男性之间的帮派。男性帮派多以力量决定次序，也有具体的目标，而不像“姐妹帮”，没有目标，没有次序，只求“在一起”。经常可以在影视作品或文章里见到这样的台词，男人对女人说：“你们女人整天不知道要做什么，就知道聚在一起嚼舌头！”每次听到或看到，心里自是不爽快，虽然明知这句话与自己无关，但还是不由替许多深陷“姐妹文化”的女子感到悲哀。

“姐妹文化”的温床，最易形成一种驯化驽钝的女性气质。一方面自是温柔可人，另一方面却缺少进取心及耐力，缺乏对不同事件的思考应对能力及危机意识。这样的女子，即便拥有出众的相貌及社交能力，也终究难成大事。

记住，高中毕业后，就没有所谓的“姐妹文化”了。不要贪恋岸边温吞的群体生活，把自己投入到竞争的激流中去吧。独立行动，自己去对自己的判断和行为负责。

Toller

“姐妹文化”一瞥

● 不能独自生活。从小身边便不能少了朋友的陪伴，否则什么事也做不成。成年后，她也必定要依赖某些人才能度日。

● 喜欢聊天。不管有没有可聊的话题，都喜欢和人一坐数小时，漫无目的不动脑筋地瞎侃。

● 惯于盲从随大流。习惯于服从多数，认为这样没有风险，即便天塌下来，也有别人挡着。

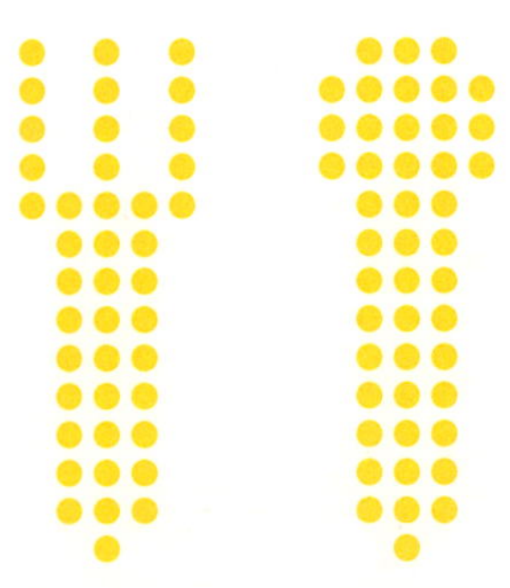

62 从不同的朋友处听取冷静的评价

由于工作的关系，我结识了一位作家。在外人眼里，他年轻有为，三十岁不到，便名利双收。然而在我眼里，他却是个自恋加自大的讨厌家伙。一见面，他便对我夸夸其谈开来，说自己做成了多少了不起的事，别人是如何如何对自己好评如潮。

“总之，一句话，再没有谁能像我这样把艺术和大众结合得这么天衣无缝了，怎么，我这么说很狂妄是不是？你尽管去问问别人，他们肯定也都会对你这么说。”一席话听得我大倒胃口，此君已被暂时的成功彻底蒙蔽了双眼，大多数人甚至连他的名字都没有听说过，他已兀自得意上了天。后来我也去拜读了他所谓“天衣无缝”的大作，头绪复杂，忧郁加上过分的夸张，果真文如其人。

我的朋友L每天都陷在无止尽的自责里。她凡事不考虑自己，必定都要让着别人，这种态度，看似谦虚，实为消极。她曾痛苦地对我说，自己患上了“让步强迫症”，以及“被害妄想症”。我原以为她的病源是出于过度的善良，然而另一位朋友C的分析却是一针见血：“当她想要的东西或位置屡次被人抢走后，她那难以抑制的委屈造就了她今天的病症。”所以C说，L的当务之急不是改变性格，而是提高自己的能力，在竞争中取得优势，而非消极地逃避竞争。听取了C的话后，L的病症果然慢慢好转起来。

人是离不开他人的社会动物。他人对自己的评价看法若是客观且睿智的，那么很多时候就可以让你避免变成一只愚蠢的井底之蛙。

良药苦口，忠言逆耳。这个道理谁都明白，然后一到自己身上，情况就不同了。人们总喜欢用“不至于”来宽慰自己，譬如“我的英语不至于像他说得那么差吧？”“话虽如此，但是我不至于那么糟糕吧……”如此一来，但凡逆耳的评价，一律左耳朵进右耳朵出，只听得到自己想听的，看到自己想看的——这么一根捆绑住自己前进脚步的绳索，你不至于真的没有看见吧？

给他人评价的正确态度

- 避免无条件的批判。
- 在批评后一定要真诚奉上建议和忠告。
- 评价时，要避免夹杂个人感情。
- 不要盲目觉得自己站得比对方高看得比对方远。
- 认真虚心听取朋友的话。

63 在周围寻找一个自己的榜样

南丁格尔、圣女贞德、申师仁堂（韩国朝鲜时代著名女画家，被视作"贤妻良母"的典范）、居里夫人、海伦·凯勒……自小学起，老师便教导我们要以这些杰出女性为榜样，学习她们的牺牲奉献精神，破除腐朽的革命精神，对丈夫子女的温暖包容胸怀以及克服逆境的坚强意志。

而在当前，电影导演朴赞郁、歌手宝儿、足球选手朴智星等演艺体育界杰出人物则成为了新一代少年心目中的榜样，许多孩子立下目标，"未来我也要拍出很棒的电影，捧回金狮奖！""我也要以动听的歌声征服全亚洲！""我要全世界为我天才的射门惊叹！"等。想必你在年幼时也会有一个这样的榜样，然而长大后，从前心目中的那个人是否就消失不在了呢？不，榜样还在，但他/她不一定是历史书里的英雄，或现实中的风云人物，更多时候是真实存在于你身边的某个人。

曾有一个调查表明，女大学生们心目中的最理想职业女性是播音员白智延，最羡慕的身材是李孝利的细腰和全智贤的曲线美，新近走红的"瑜珈美人"玉珠贤也以其身材的均衡美而大受欢迎。然而女大学生们在调查中呈现出来的态度不是"我一定要……"、"我也要……"而是“我要是……的话就好了”，两者的差别在于一个是将其视为榜样（role model）的决心，另一个则只是空幻的梦想(wannabe)，两者有着天壤之别，万不可轻易混淆。

所谓榜样，其原本的意义并不同你想像的那样高不可攀。榜样的产生源于自身角色同他人角色进行比较时，所生成的相对快感及刺激。心理学认为其是发生于患上情绪强迫症的人们之间的一种角色交换游戏，换句话说，榜样是基于当下的生活，对更进一层的对象的一种仰望。

所以，比起那些歌手、科学家、电影演员或是拥有黄金比例身材的艺人，好的榜样更应该是现实生活中比你更为积极、更为优秀的那些人。真正的榜样是具替代性的，随着你自身的进步，他们也是不断更迭的。

如果你是个时尚杂志记者，那么你的榜样应该是那些制作出美轮美奂的时尚画报的美国著名时尚编辑；如果你是个网站设计员，那么你可以将那些灵感不断的网络高手作为榜样；你的榜样也可是和你做着同样的工作的同事，只要他有着比你更独特的思考方式及更开放的眼界；出身、学历、工作都和你差不多的朋友，却比你提早独立，那么何不以她为榜样，学学她是如何省吃俭用，如何攒下公寓首付的；如果你有一个朋友吃豆腐料理，坚持跳绳，在两个月里瘦了五公斤，那么比起玉珠贤，这个朋友将更适合成为你的榜样。

不论是社会生活，还是脱离父母独立生活，不论是金钱管理，还是减肥，确定下目标和榜样后，朝之努力，并享受达到目标后的喜悦——这才是取得成功的捷径。

- 即使有风险，也有勇气走自己想走的路。

- 25岁前生活为自己，25岁以后生活为他人。

- 有着温情的双手和眼。

- 不会强把自己的意见加到他人身上，即便是对最亲近的人。

- 知道自己梦想的是什么，也知道如何去追求那些更好、更棒、更有趣的事物，但绝不露于言表。

64 首先要得到女同事的认同

对于一个职业女性来说，新到一个陌生的工作环境，得到男同事们的好感是件容易的事。异性相吸，基于这条亘古不变的真理，再加上一些努力和小手段，男女之间基本的信任便可轻易地建立起来。但是如果你发现自己在职场上做同样的事情，和同性搭档，就会矛盾重重，若和异性搭档，十有八九就会迎刃而解——那么便证明你在处理人际关系上尚没有尽全力。

女性之间的关系是世上最微妙的人情之一，她们可以因为极小的缘由变得亲密，也可以因为一点细微的纷争而变得疏离淡漠。正因为如此，女性得到女性的认同是一件非常不易的事。然而，女性同时却又具备一项与生俱来的天赋，那便是亲和力，这一点上，男性难望其项背。当男性嘲笑女性之间难相处时，女性也大可嘲笑男性之间口蜜腹剑政治性的握手，以及口不对心的称兄道弟。

有一个办事麻利干练的职业女性，这里权且称其为B。B接到一项任务，规定要在本周前完成。她在一番分析后，认为自己必须得需要一个助手，那时，出现在她脑海里的第一个人便是P。

P虽然年纪比她大，但是却是和B同时进的公司，头脑灵活，人也长得帅（不知这有什么关系），总之，此君在公司里极受女同事的欢迎。B找P帮忙，P也欣然答应了。事实证明，P确实是个热心人，他不仅帮忙搜集了许多资料，甚至还一并替B撰写了最后的发表报告。在两人合作得热火朝天时，女同事J始终一言不发地在一旁默默观望。

发表报告的那天，在各部门负责人面前，B近乎完美地做了报告，上司听得频频点头。B自是意气风发，然而好景不长，第二天，公司里便开始有传闻，说报告的真正完成人不是B，而是P。到底是谁散布的传闻？是嫉妒B的女同事J吗？如果是拍电视剧，那么编剧极有可能会将其设定为B的情敌，其背后的所作所为也是顺理成章。

然而，事实却不是电视剧里的风花雪月——传闻的散布者不是别人，正是P本人。那晚在部门的聚餐上，他对身边的人说："B做的报告很不错吧？全都是我给她弄的。怕出什么问题，我还担心了好一阵……"说这些话时，J也在场，听后，她打心眼里替B感到不值，于是事发后也找B好心给予了安慰。

讲这个故事，是为了告诉你一个道理：风平浪静时怎样都好，但是真正艰难的时候，能给你肩膀依靠，搀扶你继续走的人，多是女性。所以，除了实在个性不合的情况，职场上应尽量和女同事走近些。

爱人绝非多多益善，蓝颜知己亦是有一便足矣。但是周围那些能和你共同成长，分享生活细微感，同你有着一样的恋爱、结婚、育儿问题的女性朋友，你不能不去珍惜和悉心维护，只有她们的存在，才能帮助你构筑起一个成功的人生。

你需要的同性“战友”

- 有能力的女上司。她勤勉又富有工作能力，身边有如此一个鲜活的好榜样，你要做的就是细心观察和学习。

- 沉默的朋友。她看得见你的缺点，但是她会对此保持沉默或只是委婉地暗示。很多时候，比起直言不讳，这种沉默的方式更让人感激。

- 可爱的后辈。可爱新鲜的后辈会给你职场生活带来不尽的活力，特别是那些充满亲和力的后辈，一旦将之收到你的麾下，日后便有可能会成为你左右得力的青龙白虎。

MISS

65 面对称赞的艺术

这里列出的三个人，当他们面对他人对自己的称赞时，态度反应各有不同。读他们事例的同时，各位也可反观一下自身。

事例1：不可对称赞过于认真。我有一个后辈C，但凡称赞过他的人，十有八九会为之弄得哭笑不得。C是个做事勤奋，待人有礼的好青年，平日里没有什么毛病，只除了一点，便是对别人的称赞过于认真。

假设别人说："C君，今天的报告准备得真流畅啊！"换作别人，此种情形下必定会笑着谦虚道："哈哈，谢谢！其实也不怎么样……"而C却会一脸认真地凑上前："您说的是真的吗？您真的认为我的报告很流畅？我准备的时候，老在担心不够流畅呢。哎，您觉得我最后一段怎么样啊……"未等他问完，对方早忙不迭拔腿离席："……啊，都不错啊……"

C不明白，很多时候，轻快地接受他人的称赞也是一种美德。

事例2：大方地接受称赞吧。公司前辈L平日里是个大方开朗的人，不论是人品还是工作能力，都得到了大家一致的认可。然而在面对别人的称赞时，却总会表现得手足无措，也会不期然地脸红起来，弄得对方尴尬不已。

有一段时间，L热衷于去健身房锻炼。我偶然间碰到他，惊叹于他四十来岁却保养得极好的身材，不禁脱口称赞道："前辈，锻炼之后，你的身材真是好得没话说啊！"结果，他的脸霎时变得通红，转而便沉了下来："我不过就练了几个月，难道一块赘肉都没了？说话不要太夸张！"我委屈得无可复加，千真万确是出于真心好意的赞扬，却被人斥为夸张。"真的！我真的认为你的身材和权相宇也有得一拼！"我的辩解在L看来却是越描越黑，我们的对话也终以他的拂袖而去而告终。

事例3：不要自我夸大他人的称赞。曾见过一个以挑剔出名的五十开外的著名女士。同她见面极不容易，由于她过度的自我保护意识，生怕稍有不慎，便会毁损到自己苦苦经营起来的好名声。为此，她在人前从来都不轻易表露自己的真实情感，优雅和慈祥的外表是她武装自己的工具。见面时谈论的话题自然也总是流于表面，无法深入。

当我说及："上次您从事的那项事业真是非常了不起！"她笑笑说："这个，我并不这样认为，但是其他人都这么说……呵呵，还有人说，我在这方面已走在世界的尖端……哈哈，我都是不信的……"

如此矫饰谦虚实则傲慢的态度实在让人不舒服。

应对他人称赞的技术

称赞是对话的调味料，对待其应该有一种正确的态度，过度的谦虚或傲慢都有可能让它变味。当别人称赞你身上的闪光点时，何不当场愉快地接受下来，并得体地向对方表示感谢，如此一来，对方心里舒服，你自己的魅力指数也可立时上扬几个指数，两全其美，多好！

针对事例1

听到称赞后，千万不要对其较劲，权且听进去就好了，否则会给他人带来压力。

针对事例2

对待称赞，你要放松些，再放松些。何不一笑而过？有时寥寥两句玩笑，便可让自己应对得举重若轻："你等着，再过三个月，我的肚子上就能看见'王'字了，哈哈！""你可千万不要因此看上我啊，我老婆可不好对付……"

针对事例3

你有多厉害，对方怎可能不知道。如果你还嫌不够，自己给自己"锦上添花"，那么怎么不让对方产生反感？实在要那么做，也可采用幽默的方式，或"欲擒故纵"的自嘲。

66：必要的时候耍一些政治手腕

公司后辈M在任何集团组织里都能做到游刃有余，这不仅表现在她勤勉的工作态度，更表现在她对待上司及同事的关系上。她对情势始终有着一种独特的敏感，加上有技巧的手腕，每一次都能让自己化险为夷。她不是那种凡事争强好胜、喜出风头的人，但也绝不是凡事随波逐流的无主见，同时又有着绝好的幽默感和亲和力——然而，正是这样优秀的人儿，也有着自己的苦恼。

大学一毕业M便进了公司，开始了密不透风的社会生活。而她内心里其实非常厌恶束缚、渴望自由，但又同时讨厌特立独行与愤世嫉俗。为此，她从来不以为自己受人欢迎是一件成功的事，她觉得自己不过是在努力迎合世人审视的目光，却又没办法让自己置身事外。如此矛盾的价值观，注定了她的痛苦。

我很为M觉得可惜。她本可将职场生活同个人价值分开对待，用政治的眼光对待前者，用宽容的眼光对待后者，这会让人释然许多。

所谓的“职场政治”，不是三言两语讨人欢心的阿谀奉承，更不是人前人后的真刀实枪或含沙射影。职场政治，说白了，便是为实现目标而使用的一些健康而有技巧的手腕。不可否认，深谙此道的职业女性是魅力无穷的。M便是其中一员，只可惜陷入了矛盾自责的误区里。

用“政治”的姿态对待职场里所有人际关系，不是一件容易的事。你要善对乖巧的后辈，对自以为是的同事要适时打压，对态度暧昧的前辈绝不展露心扉，对那些利用你的上司，则要伺机还击。但是，要做个上司信任的下属及后辈们喜爱的前辈，却并非想像中的那么困难——只要你接受上司任务时，总能够明快地回答：“是！包在我身上！”工作之余又能够不时与后辈们共进晚餐，联络感情（虽说革命不是请客吃饭，但是适当的请客吃饭也是十分必要的）。

如果你不满足于现状，想要成为一个更加“重量级”的存在，那么你则需要更加有力度的政治手腕。你不能够按部就班地只完成上司交给的任务，而应该在此基础上做得更多，这便要求你练出一双火眼金睛，既看得见“活儿”，也分得出那些真正不怀好意城府深重的人——同他们交往的关键不在于你是否真诚，而在于你是否比他还会耍“手腕”。

● 能够干净利落地解决令他人踌躇不前的棘手案子。

● 身为遭人厌恶的上司的心腹，自己却不会受到任何非议。

● 经常听人说自己做事挑剔，却未曾听人说自己性格挑剔。

● 有后辈对自己说：“我从前辈这里学到了许多东西，以后会更努力的！”

● 自己认为该说的话总能够毫不犹豫地脱口而出，而丝毫不会担忧因此而可能带来的恶果。

67 熬夜不是上班迟到的理由

很惭愧地向各位坦白，我经常会迟到。虽然明知准时赴约是一切信任的基石，但是约会迟到五分钟，十分钟也是常有的事。由于常常怀着歉意开始交谈，主动权便每每落入了对方的手里。就算有时自己能够比对方早到，但听到对方急忙赶来时抱歉的解释，内心却总免不了会有怀疑。

其实，约会迟到几分钟实在不能算是什么大事，然而为何每次迟到的人和等待的人之间都会发生类似于以上我提到的"神经战"？那是因为，约会准时是建立信任的基本，它体现了当事人自身的生活态度及对对方的态度。

有了第一次迟到，便很容易发生第二、第三次迟到。第一次迟到，或许会让你觉得万分的愧疚，待到第二次时，你便不会像第一次那样的如坐针毡，侥幸和麻痹的心理正是如此一步步将你拉入"不守时"的泥潭，而这在职场绝对是忌中之忌。即使社会发展，职场上已消除了学历歧视及性别歧视，但是一个没有时间观念的人在哪里都仍将是不受欢迎的。

上班时间不是职业对你的束缚，而是你对所有同事及上司的承诺。当你签下合同书，开始一份工作后，你便做出了此项承诺。就算就职于一间小小的杂货店，你也要严格遵守上下班时间。即便你的工作能力再优秀，工作业绩再出色，迟到的情况一多，不论是上司还是同事，都不可能继续信任你。

换个立场来看，假设你开了一间小公司，并雇佣了几个得力的职员。然而过了一段时间后，职员们越来越不遵守上班时间。作为老板，起初，你或许尚会如此安慰自己："虽然他们上班总迟到，但是工作干得不错，所以也就不追究了。"但是时间一久，你对他们的耐心必定会消失殆尽。

所以，只要你有足够胆量，不怕冒被炒鱿鱼的风险，便大可继续随心所欲地迟到。如果不，那么与其每天都如打仗似的追公车、打的或开车，还不如减少一些睡眠，给自己充裕的时间从从容容地上班。就算彻夜狂欢通宵不眠，你也要强打精神睁着一双熊猫眼准时去上班。那样，即使你对人说话时，嘴里还有未尽的酒气，对方也会因为你准时上班而宽以待之。对于你的私生活，他人不容置疑，但是你始终如一的工作态度却能让人对你心生好感。

OFFICE
306

实在不得已上班迟到了，怎么办？

- **以出色的演技瞒天过海。**对迟到表示深重道歉。一小时后，故作昏厥，以证明你已劳累过度，筋疲力尽。

- **干脆缺勤。**迟到太久，不如干脆缺勤。但是要注意，缺勤三次以上，公司便有可能让你永久缺勤。

- **对上司的唠叨左耳朵进右耳朵出。**听完上司的斥责唠叨之后，立时清空大脑，微笑着专注于自己的工作——这样的职员最懂得和上司相处的哲学。

- **编些不着边际的谎言。**“早上出门踩到狗屎，于是不得不回家清洗……”有时一些很明显的假话，反倒会让上司在哭笑不得之余放你一马。

68 给自己寻找一个值得追随的上司和可信赖的下属

职场上，若能寻找到一位值得追随的上司，那么可让你比他人早起步十年；同样，若能寻找到一个值得信赖的下属，便可让你职场最后的十年过得比他人舒坦。前者通过正确智慧的引导，让你避免走弯路，省却许多不必要的踯躅；后者则可在日后你力不从心时，为你在头顶撑起一片绿荫。

相对而言，同窗更多时候是一种被动的关系。不论你是否愿意，从十来岁到二十多岁的青葱年代，你都会被安排同一群人一起成长，感情自然会深厚，真正发于心，不带任何功利的色彩。职场上的情形则大有不同。不论是与同事，还是与自己的上司下属交往，或多或少都会带着目的性。你们有时是最亲爱的同路人，有时又是最残酷的竞争者，其间的微妙关系，非当事人不能明了。

如某些人所描述的，职场正像一片原始的丛林，而我们每个人都是丛林里追逐猎物的野兽。在这片永远有着不期的危险和机遇的丛林里，若有一个真正站在你这边的同伴，那么你生存和成功的几率将比孤军奋战高出许多。

若有一个你尊敬的上司，那么便从一而终地追随他/她吧。即便你和他/她有着许多意识形态上的不和，但只要他/她有着让你倾倒的领导能力、人格魅力或高洁的品质，那么所有差异都可一概忽略不计。记住，再优秀的上司说到底也是人，是人便偶会犯错，亦会陷入低潮。而这时，你若表现出不论何时你都会站在他/她身边的姿态，将好过一切空洞的安慰，也会真正让他/她感动，从此视你为知己。

社会进步到任何时候，都免不了传统与现代，前辈与后辈之间的交接。一个称心的下属将为你省去许多后顾之忧，然而遇到他/她，却要比遇到一个好男人困难五倍。一旦幸运被你遇到，便不遗余力去教诲他/她吧，而不要动辄因其不够成熟不够完美而大动肝火，日后他/她会记得你的恩情，亦会如你所愿，成为你的骄傲。

处理上司下属关系须知

- 不要责骂下属。不要试图控制你的下属，也不要因为要给他/她一个下马威而对其肆意责骂，要知道，那无异于给自己的脸上吐唾沫。所有人都经历过那个青涩的阶段，想想那时候的自己吧！

- 不要对上司过分奉承。正所谓“站得高，望得远”，比你站得更高的上司，不会看不清你奉承里所隐含的目的。

69 寻找 雪中送炭的友军

真正的朋友就像一份可靠的保险。当你受到让人无法忍受的侮辱，或遭到让人心碎的背叛，或陷入到前所未有的孤独时……你都会因为那个人的存在而重新振作起来。

从某种意义上来看，是否拥有友军，即真正的朋友或爱人（soul mate），是成功人生的一项重要指标。这可说是人生最重要的一件事，同时亦是最难的事。只有他们会在你最意气风发的时候，给你泼冷水，教你不要忘记“月有阴晴圆缺”的古训。如此做，是因为他们比你更爱你。

所谓友军，可以是你人生惟一的挚友，亦可以是你最尊敬的师长，可以是心思缜密了解你所思所想的晚辈，亦可以是那个比同性朋友更懂得如何安慰你的“蓝颜知己”——当你遇到挫折，可以躲进他们怀里肆意哭泣；不论你是否已拥有自己的友军，只要当下你隶属于某个集团，那么当务之急便是要在其中给自己寻找一个正直忠实的朋友，当你最终要脱离这个集团时，你便可自豪地对他/她说：“至少还有你。”

我有一个职场后辈S喜欢频繁跳槽，曾与她共事过的伙伴业已超过了一百余名。S性格开朗，有着极佳的亲和力，每换一份新工作，她都能够在短期内交上许多朋友。然而正是这样八面玲珑的S，突然有一天却低落地给我打来电话，说自己又要换工作了。为什么？因为自己在公司里被人孤立。我大惑不解，被孤立？S？

后来我才明白，和所有人都打得火热的S，虽然起初会讨人喜欢，但是时间一长，便难免会被人嫉妒、疑心甚至误会。尤记得S在电话里带着哭腔的诉说："一个理解我的人都没有！比起委屈，这种孤独的感觉简直让人想发疯！"

是啊，让十个人欢笑容易，得一个人的真心困难。正所谓在职场上得一真正的友军要比恋爱更费人心思。这样的人，不是和你偶尔共膳的亲密工作伙伴，而是一起面对"职场丛林"的"人生伴侣"。

你最终会知晓，年纪越大，身边能够投自己所好的人便越少，那时候才可见友军的珍贵，胜于复活节的金蛋。

如何成为他人的"绝对友军"？

● 绝不轻言"失望"。有时一句冷冷的"我对你很失望"便能将听者推入绝望的境地，世上最残忍的事莫过于先给人信任，然后又将其一并收回。

● 学会与人分享。学会同友人分享时间、痛苦及喜悦，这会令你们之间的关系产生质的变化。当他/她哭泣时，你在一旁静静的陪伴，会胜过一条拭泪的手帕；当他/她取得成功时，真心为其开心，并将喜讯传递给更多人，将好过你一个人热烈的鼓掌欢呼。

70 远离即时通讯工具

坐在我右手边的N，左手边的C，正对面的L，斜对过的K和P，以及隔了一条走廊的H——这些人每天下午三点到六点之间在忙什么，我都了如指掌。

嗒嗒嗒，嗒嗒嗒……但见她们的手指在键盘上如蝴蝶般翻飞，偶尔停歇一会儿，接着又是一阵急敲，嗒嗒嗒……再看凝神注视屏幕的一张张脸，时而轻轻叹息，时而兴奋地掩嘴偷笑——不用想，这些人肯定又在聊天！

自然，我没有资格说别人，也不排斥网络即时通讯。只是问题在于许多为聊天而聊天的情况。如“上班的公车上遇到了一个长得很像元彬的男子……”、“昨晚上睡不着于是又重温了几集金三顺……”、“干吗呢……”、“真不想干活……”等，我真正不理解诸如此类无味的交谈，为何能够让人那样“欲罢不能”。

当然，在网上指点江山，谈论国计民生的话题，探讨克服经济危机的方案，或分析目前的就业形势，也会显得可笑。然而那些让人“中毒”的一对一、一对多的私人聊天，更会给职场生活带来不可估量的破坏。

曾经有一段时间，我也深深沉溺于MSN等即时通讯工具，感慨这么伟大的工具为何没有早一点发明。上午的工作一做完，我便习惯于把好友们一个个拉到同一个对话窗里，聊得不亦乐乎。不知怎的，那时的我觉得键盘敲出的闲话要比自己嘴里吐出的丰富多彩一百倍。再以后，许多一通电话便可解决的问题，我都会借助于即时通讯工具。但凡遇到好友们都不在线，我便仿佛独自一人漂浮在信息的海洋里一般，内心觉着空前的寂寞。

然而，在几次因为热衷于聊天而被网络故障折磨得不似人形后，我握拳对自己说，这样下去不行，一旦上瘾有害无益。而真正让自己咬牙狠心戒掉它们的却是另有原因。

一次自己和同事正在网上热火朝天地声讨一名上司，而等我中途处理完一件急事后再次加入聊天时，对方却没了声息。接下来发生了什么，相信不用我说，各位也能猜到一二——我竟在慌忙间点错了人，将消息发给了另一个上司，而那人和我"笔伐"的上司正是亲密的好友。于是后来我是如何从血雨腥风里死里逃生在此就不再赘述，有过类似经历的人定会深有同感。

总之到现在，除了偶尔在线对友人问候一声外，我已绝少使用即时通讯工具，也奉劝各位远离对它的依赖。不论是聊天还是网上购物，虽然便捷，但都有着让人上瘾的成分，理性且克制地使用它们也是能力的一种体现。

1543

如何戒掉MSN

● 用电话聊天。当你想要网上聊天时，就干脆拿起话筒煲“电话粥”吧。

● 网上冲浪。实在无聊时，何不在线读一两本漫画书，或浏览一下房产网站，看看日益高涨的房价，给自己一些压力。

● 做做空手体操。将胳膊用力往椅背后拉伸，不仅有利于腰部的健康，也有助于减少赘肉。踮起脚跟上下运动，也可缓解小腿因久坐而产生的浮肿。

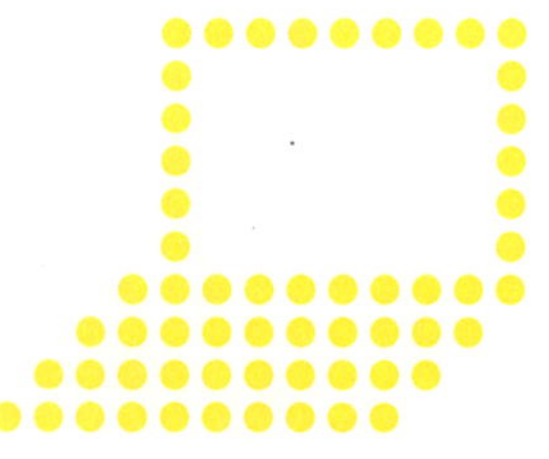

71 不要向同事公开自己的个人主页

“两个闹钟也唤不醒自己起床……和无聊的电影界人士进行的无聊座谈……在跑步机上差点入睡……可怕的相亲……洗澡时突然发现自己的身材竟成了一片搓衣板……啊呀，眼睛一眨自己竟已三十好几了……哼，在面前装得和我有多亲热，背后却用我家小狗的名字来唤我……多美好的早晨，可惜今天和昨天，明天和今天都不会有两样……”

以上都是我记在个人主页里的胡言乱语，副标题是“死而复生一百遍后仍将轮回反复的我的无聊生活”。生活的真相有时真让人想抓狂，想逃避，甚至开始羡慕起宠物狗的生活。每到这时，我便习惯于在自己的个人主页上发泄一通。

直到有一天，一个公司的后辈悄悄凑到我耳边问：“前辈，您……要辞职了吗？”我摸不着头脑，于是讶异地盯着她反问：“哟？我怎么自己都不知道？”

“明明……前辈，您主页上……写想要离开啊……”

原来如此！原来我曾告诉过她自己的主页地址。一时间，郁闷和后悔同时涌上心头，懊恼自己竟那么缺乏考虑。

我并不是不相信网络上的人情，却一直固执地认为线上线下的人情应是一致的，只有对那些现实生活中信得过的人，才可放心公开自己私密的网上空间。然而事实并非如此，如今的博客、个人空间等大多都如同没有门户的房间，任人闯入，任人窥视。那么多私密个人的历史及情感被分享，尤其被抬头不见低头见的同事了解，多尴尬。

另外，与同事分享兴趣爱好也应尽量避免。当然若能够在公司里找到一个人能和自己一起去健身，交流十字绣的经验或看电影，自是一件幸事。然而，如此建立起来的亲密感，一旦被滥用，在职场上也会给人不知轻重之感。譬如你对会议迟到的同事喝道："喂！你去哪儿了，现在才来？"别人会因此而对你侧目。

不论到何时，公私分明都是职场上的至理名言。成功的职场人士懂得在不同场合展现不同的自己，也懂得永远保护那个内在真实的自己。

- **假饰。** 在网络这片信息的海洋里，每个人都可找到一个“再创自我”的虚拟空间，怀抱琵琶半遮面，仿佛用一些修饰过的文字和照片才能自如与人交往。难道人们果真对现实中透明的人际关系没有一点信心了么？

- **可笑的网上好友。** 见过不少网络达人，个人网页上好友的链接便有数百条，每则日志下留言的人亦是不可计数，除去上班吃饭睡觉，他们几乎将自己所有的时间都投入到了管理主页上。然而，谁都知道这种所谓的“好友”真正有多少分量。

- **害人的访问统计。** 有些人虽然每天都认真写日志，但是网站的访问人数还总是屈指可数。为此，他们强迫性地访问其他人的主页，增加链接，宣传自己，仿佛访问统计数目高了，便是取得了多大的成就一般。再没有比此更无聊的事了。

72 职场上应放低姿态

有时，我希望自己能够像透明人一样，消失在人群里，远离日复一日的日常生活，以及复杂交错的人际关系。每当有此冲动时，我都会厌恶起当下的自己来，厌恶那个反复向别人展示并证明所谓“自我”的自己。

“你听我说……”、“你看……”、“我现在想的是……”曾几何时，我恨不得所有人时时刻刻都看着自己。而当我极其厌倦，想要把自己藏起来的时候，人们却对我说：“不和人交流，你一天也活不下去。”事实上，我恨死了那些自以为十分了解你（实际上根本一点也不），积极给你建议的人。许多次，我都想瞪着眼睛驳过去：“你很了解我吗？”然而，又不能。后来想，自己也有错。谁叫我过去那么习惯性地表现自己，每句话讲述的都是自己的事或主张，陶醉在自我意识中，听不进其他人的话。

职场上亦是如此。当上司对某件事做出指示时，如果你面无惧色拍案而起：“部长，在我看来，这次的案子A计划会更好。因为……”起初上司或会赞许地笑道：“呵呵，好一个敢说敢为的初生牛犊！”然而一而再再而三之后，不论你的见解多么有建设性，上司也会渐生厌烦：“难道我竟不如你？”在这个依然视“上命下服”为美德的韩国社会里，如何有技巧并有效地展现自我，需要不尽的修炼。其中有一条基本要诀，便是要学会放低姿态，悉心倾听对方的意见。

放低姿态，不是让你消极地掩藏自己，对任何事都保持静默，而是要你学会不把自己的意见强加给对方。若不顾对方对你的看法，而一味坚持自己的看法，人际关系将因此而受损，更甚时，将令你失去一个忠实可靠的合作伙伴。为此，许多时候，你为了消除他人对自己的误会而尽力解释，结果却可能换来更深一层的误会。只知道发表自己意见、不懂得倾听，过分热衷于解释的人，都很难在职场生活中同人建立起良好的人际关系。而放低姿态，不仅能替你减少许多不必要的争执，给成就增添光彩，也能使你给别人留下一个神秘深沉的印象，让人产生更多想要接近了解你的欲望。

职场上忌讳谈及的话语

● “真想不干了！”这么说的人，十有八九不会真心想辞职离开，只有那些软弱的人或机会主义者才喜欢把这样的话挂在嘴边说。

● “哼，别以为你有多了不起！”真正有自信的人，不会在挨批后如此自言自语，他/她会对着当事人直言不讳，且有勇气担当由此产生的一切后果。

● “我做错什么了？”不要委屈地喊冤，否则只会适得其反。如果你觉得上司冤枉了你，就大胆地列出事实加以反驳；如果真的是自己做错了，便不要嘴硬，勇敢地承认吧。

73 不要用公款收买人心

我初进公司时，曾遇到一个深受后辈们尊重和喜爱的前辈J。她时常会在工作之余请大家吃饭喝酒，关切之心尽在其中。刚进公司，能遇到这么体贴照顾的前辈，让自己在一天的忙碌后享受到美食和放松，大家都觉得很幸运，也心悦诚服地将J奉为大姐，对其言听计从，亦在感激之余，纳罕于她大方的出手，为此，当面都尊称其为“J女士”。

我当时也被J深深感动，心想如果日后我也能成为那样受人爱戴的前辈，有多好。后来自己换了几份工作，阅历渐长，也有了一些不时会一起聚餐的后辈，虽然每次聚会都很愉快，但是最后结账时，自己都会为高额的消费而心疼不已。每到那时，我都会想起J。单凭有限的工资，她如何支付得起那么多的晚餐和酒席？终于我找到一个机会向她吐出了心中的疑问，当时她只淡淡地回答道：“哦，我用的都是公司的信用卡。”

得知真相的那一瞬，我觉得了一丝难言的苦涩，恍若遭到了背叛。我并不是不能够理解J的所作所为，但是她在我心目中的地位却骤然一落千丈。明明用的是公款，却总做出自己掏腰包的姿态，不论她收买人心的出发点是好是坏，单凭这一点便足以让人收回先前对她的所有尊敬。

当然，对于开始工作才不过几年的你，要做到用公司信用卡收买人心还是一件不可能的事，但是却有必要检视一下自己的报销单据是否明晰。记住，千万不可在高档餐厅为后辈过完生日后，将发票以报销的名目上报，那将是一件极为失格的事情。

如果你有意讨后辈们的欢心，那么就请咬牙掏自己的腰包吧。如果出差回来时，要给大家带小礼物，那么就不要在接受完众人的道谢后，将礼物发票交到财务报销，那会让礼物的意义变质。永远不要用公款收买人心，因为不论何时，只有正直的前辈才配得上后辈的尊重。

可适度使用公款的场合

- 个人报销额度未满的时候。报销额度也是个人收入的一部分，当限额未满时，何不顺水推舟，用公款请同事饱餐一顿。

- 公司奖励自己部门的时候。为了犒劳各位下属，庆功宴是少不了的。但这时不可厚着脸皮宣布："今天我请客！"而应该向大家说明这是公司举办的庆功宴。

- 从上司那里获权使用公款的时候。应有限度有节制地使用公款，譬如公款晚餐后，下一轮的喝酒便需自己出血。

74 宁可退出 不做鸡肋

如果你从事的工作交给别人也一样可以做得好，如果你总在人手不够的时候方被召唤，却永不能进入核心的决策圈；如果你尽全力完成的工作总不能给他人留下深刻的印象，如果不管你情绪是好是坏，旁人都只是视而不见——那么你便到了需要考虑离开的时候。

你不必事事都追求完美，却也没有必要为了自以为无聊的工作耗费光阴；你没有义务定要活得精彩，却有权利按自己的方式生活。虽然有时为了生存身不由己，但是靠着欺骗自己而维持的生计更让人痛苦。

“是公司有眼无珠，不识人才。”诸如此类的话语，不过是让人短暂麻醉的无意义安慰。你不会拍案而起大胆宣布：“这该死的工作，我不干了！”不是因为你没有勇气，而是连你自己也不知自己可以在什么岗位发出光芒，不知自己真正想要做的是什么。

“宁可退出，不做鸡肋”，如此有志气的决心必须建立在自信的基础上。你若没有信心让自己180度转变后一鸣惊人，抑或连如此的欲望也没有，那么还是老老实实地待在现有的岗位上默默做事吧，也不要再埋怨：“辛辛苦苦忙活多年，公司竟不知道我的存在！”“为什么同样的事情，金代理做就是'出类拔萃'，我做就是'差强人意'呢？"

问题出在哪里？出在你一开始对自己的定位就错了。好像市场定位错误的货品只能囤积在货仓，你自己将自己关了禁闭。到最后，蹉跎的是时间，耗费的是青春。不要做温水里的青蛙，及早给自己一个较高的定位，你总有机会开辟更宽更广的天地。

辞职前的苦恼

- 下个月的生活费。如果你对工作的要求只限于维持生计，那么还是不要跳槽得好。否则，就只当是给自己的惩罚和历练，省吃俭用坚持到开始下一份工作。

- 不知道该做什么。如果你有许多备选，却一时不知选择哪一项，那么好极了，掌声鼓励；如果你眼前一摸黑，那么，请等一等，不要着急着辞职，直到你找到自己想做的工作为止。

- 害怕自尊心受伤。那么选择维持现状后继续受伤。如此，你那高贵的自尊心，以及日渐加深的自卑感，怎么办？

75 厌倦人情时 尝试同植物对话吧

生于人世，即便是一个人生活，每天也注定要同许多人产生联系。你应时刻倾听对方的话语，准确地表达自己的意见，并不时对人察言观色。你同有些人“酒逢知己千杯少”，却同有些人“话不投机半句多”。你需要他人的安慰，他人亦一样渴求你的理解——人情，恐怕是人世间最珍贵且最危险的存在了。

然后，有一天，你却突然厌倦了人情，不愿与人交谈，不愿同人见面，甚至听不得一句话语，你只愿远远地逃开人群，一个人静守着日出日落。

我也有这样的时候。每当此时，我选择的不是隐于山林，而是对着植物说话。这是自幼年起便养成的习惯，不论心里有多烦躁，只要对着一树绿色，便会变得平静起来。现在想来，大概是因为人更多代表着动物性的本能及习惯，而树木则更多代表着植物性安定及平和的缘故吧。

我喜欢植物，还出于一个原因，便是我曾养过的宠物都活不长久。出生时便体弱多病的小狗“玛露琪”，不到三个月就上了天堂；那只有着优雅皮毛的漂亮母猫“吉妮”，还没和我混熟，便同小区里的公猫私奔了（小贱人！）；后来朋友送给我一对名叫“牛郎”和“织女”的小乌龟，“牛郎”生病死后，原本健康的“织女”也在两天后随着情郎归了天；之后我开始养金鱼，每天下班看它们摇着尾巴欢迎我，我很是开心了一阵子，结果不知从哪一天开始，早上起床，便会发现有一条小家伙诡异消失，如此持续到它们完全失踪为止……自那以后，我再没有养过任何宠物。

爱上植物，是因为它不会离家出走，亦不会突然死亡，独自占着一角阳台，抽吐苞，宁静且不失生气。它也能够感应你的照顾和爱心，当你为它松土浇水时，那小小的叶片便会愉快地轻轻摇摆，一下下，渐渐稀释融化你内心的愤怒和疲倦。不论是家里的观赏型植物还是庭院里的树木，都能给人宁静祥和之感。它们能让受伤的心灵得到慰藉，也能让燥郁的情绪得到缓解。动物对你的好取决于你对它的好，而植物则不然，不论你对它如何，它都会欣然将枝叶覆于你头顶。时刻怀揣一颗宽容宁静的心，不以物喜，不以己悲——做人若也能做得好像一株植物，那该多么好。

● 偶尔与之共饮一杯。偶尔你可给它浇灌一小杯烧酒、洋酒或葡萄酒，你会发现过一段时间后，它的花朵更明艳，叶片更油亮了，植物对少量的酒精往往有着让人惊喜的反应（但如果经常为之，植物也会因酒精中毒而枯萎）。

● 遵守约定。如果你确定下来五天给它浇一次水，那么务必请遵守这一约定。否则，它会将对你的失望都一一写在叶片上。

● 和它说话。先给它取个好听的名字吧，然后坐在它身边，抚摸着它的叶片，谈话就可以开始了："今天下的这场雨很甜吧……等以后天气暖了，我就给你挪到一个日光充分的地方去……今天发生了一件有趣的事情……"它虽然不会和你对话，但必定会是个绝好的倾听者。

76 准备一个轻便的行囊随时出行

我有一个朋友O，满二十岁后，只要有空余时间，便会去国外旅行。她不是富家女，旅费全靠自己平时的打工积攒。为了旅行，她将生活费压到最低，住在一间供暖不足的小房间里，而辛苦攒下的钱则都花在了往返世界各个机场的空中、纽约东村后街的面包房、撒满星光的加尔各达夜晚，以及圣玛丽亚小旅馆女主人的晚餐上。

那时的我，一方面十分羡慕O，另一方面又觉得她不像同龄的女孩子整天只记挂着恋爱和漫画零食，有些特立独行。后来与她走得近了，问起她旅行的目的，她的回答给我留下了深刻的印象："起初只是冲动好奇，想要看看外面的世界。随着旅行次数的增多，我开始爱上了每次出行前及回来后的那种快乐，每一次旅行后，我看世界的眼光都会变得不同。这很奇妙。"

后来，她加入了一个帮助问题青少年的慈善团体，和青少年们分享这个大千世界的真实和美好。我想再没有比这更合适她的工作了。这里我不想对各位说，你需要经常旅行，因为旅行的意义对于每个人来说都是不同的。但是有一点需要强调的是，你不应抱着奢侈享乐的心态开始旅程。

正如那位朋友O，她的每一次旅行都要比上一次为期时间长，行囊却是一次比一次轻便。她说，为了更细致丰富地感受旅途，每次出行时，自己都会带上一颗空白谦卑的心上路。行囊亦是如此。旅行最需要的不是迷你裙和高跟鞋，不是发胶和香水，而是一颗充满期待的心，一双懂得发现的眼睛，以及最基本的英语能力（中学毕业后，你的英语水平就足够你不需导游环游世界了）。沉重的行囊不仅会使你的旅途变得疲惫不堪，也将遮蔽你发现新世界的目光。

下一次旅行前，不要再苦恼于行李的问题，放开心态，轻装上阵吧。要知道，就算翌日你在异国的旅店里惊呼："啊呀，忘记带××了！"你的旅行也不会因此而受到任何大的影响。

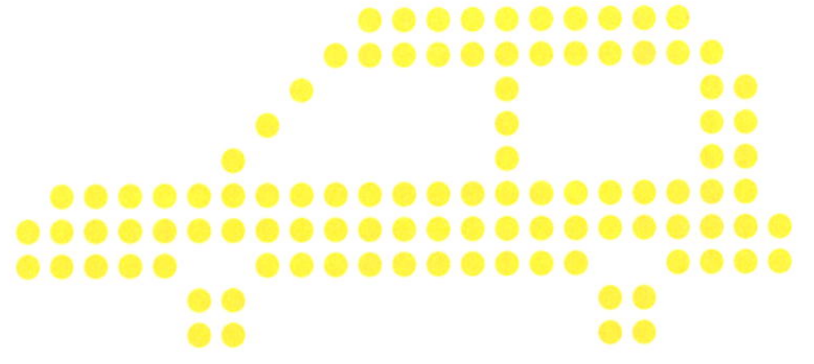

出行前应有的准备

● 熟知基本的旅行常识。明确护照的截止日期，为了快速填写出入国申报单，尽量背出自己的护照及身份证号码。飞机上的小毯子虽然很不错，但是千万不要顺手牵羊塞进自己的行囊（一旦被发现，将十分丢脸）。

● 不要执著于复杂的英语表达。只有那些生涩的旅行菜鸟才会在出行前慌张地补习英语，每天反复背诵又长又臭的英文句子。有长期旅行经验的人都知道，交流其实是一件十分简单的事情。只要能够清楚吐出常用的单词，再加上手势和表情，多数情况下你都可应对自如。就像有个美国外教说的："韩国人说英文太沉重，太拘泥于语法，到头来，还不如只说单词来得易懂。"

● 了解当地习俗。事先了解诸如"印度人右手如厕左手用餐，日本的出租车门是自动的……"等当地习俗，将使你的旅途减少许多不必要的麻烦。

77 留有记忆的衣服再旧也不要扔掉

谁的衣柜里都会放着几件不穿的旧衣服。袖口被穿得磨损的T恤、几次想扔都不舍得的大衣、终年呆在鞋柜里等待再次流行的长统靴子、上一次旅行时常戴的鸭舌帽、长胖后再也穿不进的牛仔裤……

每次整理衣柜的时候，这些衣服都会被清理出来，而当时穿着它们时，自己所经历的点点滴滴也会同时扑面而来。就算它们已经老旧或过时，你也总下不了决心扔掉，只为了它们替你保存的那些丝丝缕缕的回忆。

每个人的物品和回忆都会随着年纪一起增长。我也一样，一路走一路收集，直到收容箱爆满，才开始强迫自己扔东西。"旧的不去，新的不来！"每一次，我都是如此一面喊口号，一面挥汗整理，然而每次真正决定丢弃的东西总是屈指可数，到最后，那些旧衣服还是照旧挂回了衣柜，照片、日记甚至中学的作业簿等，都还是照往常一样静静地躺在抽屉内。

我为自己无法扔东西的习性开脱的理由是：如果人生注定要一路走一路丢弃，那么还有什么意义？记忆如果单单贮存于大脑，那么总有一天会褪色，而再现回忆的最好办法便是保存和其有关的物品。所以，那些虽落伍却珍贵的大衣、T恤、帽子、长统靴，接下来的十年里恐怕也会一直陪伴在我身边，连同现在的点点滴滴，一道构织成一张回忆的网，待我老去，便可舒服地蜷缩在其中缅怀休憩。

整理衣柜的要诀

- **分门别类保管你的回忆。**把下一季要穿的衣物和带有纪念意义的衣物分开保管，就像整理照片一样，分门别类安放好后，每一次打开衣柜，记忆的闸门也便同时打开了。

- **添加记录。**可在夹克的袖口或毛衣口袋里放一两张当时的照片或字条，这是未来的自己和过去的自己之间的一场游戏，虽然况日持久，却其乐无穷。

- **越是年代久远的旧衣，越要悉心保管。**如果你不想看到虫蛀的纯毛大衣，或因为湿气而严重缩水的毛衣，那么从一开始就要多加注意。适当的除味剂、除湿剂、防虫剂等可使衣物长期保存。

78 给自己寻找一个独处的“洞穴”

男人之间一向流传着一条理论，他们称之为“洞理论”。每当生活发生剧变，或遭到恋人抛弃时，男人都习惯于切断同他人的一切联系，钻进一处独自疗伤。他们便是这样的一种动物，当自己快要被责任、欲望、名利等压垮时，脑海里首先闪现的一个念头往往都是：把自己藏起来。

然而多数女人却不了解她们心爱的人有着如此的习性，是以每当那时，她们便会像疯了一般，在洞外徘徊：“你为什么不给我电话？！”“到底发生了什么事？你就不能出来说清楚吗？”“我对你而言不过如此吗？”男人则在洞里发出狼一般的哀号：“呜嗷嗷……能不能暂时不要管我！”

如果女人足够通情达理，一直等待他出洞的那一天，她便会看到一个平和有礼、重新恢复了往日风采的男人。而对于男人把自己藏起来的原因，她们则往往百思不得其解。“他变心了？还是我哪里做错了？哼，等他出来，我定要弄个水落石出不可！”过多的疑惑和忧心好像一把刀刃，打磨着她们的心。然而，在她们看来本应“复杂而难言”的理由，多数却是不存在的。男人，其实很简单，他们做什么事情，常常不过是因为他们想那么做，没有任何理由。

女人啊，不要再徜徉在爱人的洞外，苦恼地抓头皮了。要知道，你也需要那样的一个洞，一个独处的空间，让自己在纷繁的生活里得以沉淀。

你可窝在家里的沙发里，也可躲在在图书馆的一角，静静享受一个人的时光。有时，将自己完全浸于寂寞里，反倒是驱散寂寞的最佳办法。此时，他人的安慰对你而言已不重要，最要紧的是能够静下心同自我交谈，如此获得的慰藉将超越一切。

我的一个朋友P便有一个属于自己的“洞”。每次我接到她电话赶过去时，她不是在听音乐，便是正捧着本书在读，面前放着三两个空的啤酒瓶。她说，这是治疗伤痛和苦闷的最佳处方。而我的任务便是听她醉酒后的胡言乱语，然后送她回家。好在这样的情况不算多，多数时候，她都能做到“不慌乱”，深夜里一个人回家。我钦佩P的独立，也羡慕她有那样的一个“洞”用以疗伤。为此，我也开始寻找自己的“洞”，结果发现这件事并不像想像中的困难。这个“洞”，可以是格调优雅的酒吧，也可以是小区里的秋千，或是光线充足的教堂，只要你可以在那里安心休憩，一个人默默回首过去，遥想未来，没有他人的打扰，也无需顾虑到他人的感受。

适合在"洞"里阅读的书籍

● 《死亡研究》(朴常隆)，《幸福阅读》(金显)。如果有大段的空余时间给自己享用，我便愿意读一些有厚度和质感的书。《死亡研究》是近期热衷的一本，《幸福阅读》也是一本妙书，让人在不知不觉中对阅读产生更浓厚的兴趣。

● 《公子哥》(金之助)，《水之家族》(丸山健二)。这是两本日本作家的小说，字里行间无不浸透着熟悉而浓郁的东洋情调，同时又带着些许的异国风情，让人沉醉。

● 过去的日记。如果你读不进书，那么也可把当下的心情写进日记里。或者翻翻从前的日记，在过去的心情里寻求慰藉。有一点需要注意，你可以读任何类型的书籍，但是女性杂志和公司的各种报告书文件除外。

79 每天早上练习微笑

从二十九岁那年起，早上人们见到我后，便不再同往常一样笑说道：“早上好！”很多时候却变成了“你哪儿不舒服？”

回想自己工作后，每一个忙碌的早晨都始于刺耳的闹铃声，当我揉着渴睡的双眼，极不情愿地咬牙掀开温暖的被褥滚下床的一瞬，真想就此死掉的好。要说之前有如电影里的慢镜头，接下来的场景便是快镜头了。我看见自己机械地按卜自动咖啡机的按钮，匆匆洗了个淋浴，手忙脚乱地化妆穿衣又狼吞虎咽几口早餐后，飞奔出家门。

每天如此！当我带着郁郁的心情上班，还得面对人们“哪里不舒服”的关切问寻，以及“昨晚做什么了”的怀疑眼神，能真正微笑起来才怪！问题出在哪里？归根结底还在我自己身上。试想当你开口说“早上好”之前，首先看到的就是我一副“早上好个鬼”的扑克牌表情，那你表现出的一切关切和好奇便都是人之常情。

同我一样在职场上打拼的姐妹们，当身体上的微恙或昨晚的噩梦开始展露在你的脸上时，你便应警觉目前的压力是否已超出自己的承受范围，同时也应明白，此时已到了你需要在每天出门前练习微笑的时候了。

或许你要说了，每天在同一张脸上展现七情六欲已经足够辛苦，为何还要专门练习什么面部肌肉？

你有所不知，有意识的表情练习，会令你在无意识的状态下也能够绽放出最灿烂的笑脸。而如果你总是无意识地摆一张“臭脸”，那么日后即便再刻意，你的眉眼也很难再舒展开来。相信我，无人的时候对着镜子，试着让你的眼睛、鼻子、嘴巴和下巴一起微笑起来，时间一长，你也会拥有一个迷人而自信的微笑。

不知你是否见过“皮笑肉不笑”的微笑，我见识过，当时直看得人心冒无名火：“哎，不想笑，就快别笑了！”而对方也看出我的心思，赶忙换成一个更加苦涩的笑，好像在说：“我是真心想笑，可是笑出来就成这样了……”看着这样的一张笑脸，谁会真正开心呢？接下来的气氛难免变得尴尬起来，大家都对对方怀着歉意和猜测，又如何开诚布公地交谈呢？

随着年龄老化的不止是皮肤，表情亦是。你的眼神会变得不再同从前一样犀利，厚实的嘴唇开始变薄，原本俏皮的嘴角也终将不知所踪。为使你的表情不早早老化，现在起你便需要勤加练习。每天对着镜子夸张地练习发音“啊”、“喔”、“呜”、“呃”、“咦”，将有助于维持紧绷生动的面部线条。而每天灿烂的微笑，则有可能彻底改善你的生活。

让你不失去微笑的好习惯

- 多结交积极向上的朋友。

- 保持室内空气的流通，经常晒太阳（不要忘记涂抹防晒霜）。

- 在办公桌上放一张你笑得最灿烂的照片，时刻提醒自己微笑。

- 不要经常舔嘴唇。

- 不要将冷笑、嘲笑一并归为微笑。

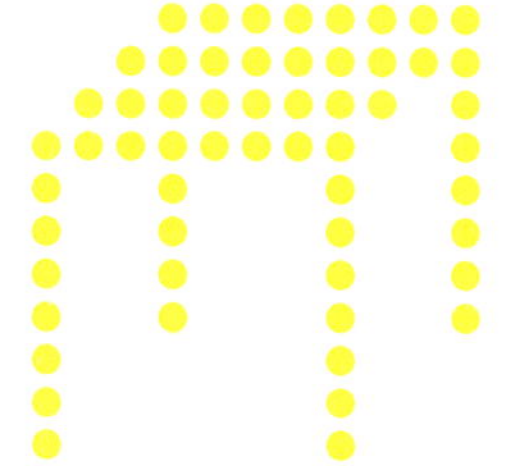

80 为了幸福人生 尝试催眠自己

人生不如意十之八九，但是你也可适时催眠自己，忽视那些易见的困难，执拗地朝自己想要的目标迈进。如果你连自己真正想要做的事都会放弃，那么人生也会放弃你。再没有比按自己的想法生活的人生更单纯又更艰难的事了，但人生的意义也正在于此。

写到这里，我不由想起了两个朋友，S和P。S是我所认识的人中通过自我催眠改变人生的典范。当我们还满足于一到周末就和姐妹们逛街聊天吃饭的单身生活时，她便开始了积极的相亲和约会。某一天她突然石破天惊地宣布："今年不论怎样都要把自己嫁出去！"她的表情轻松而自信，就好像宣布"今晚一定要吃到关东煮和辣炒年糕"一样轻巧。周围人一致投来不信的眼光："啧啧，婚嫁大事岂是下定决心就能办成的？"天性乐观的S只是耸肩笑笑，完全对他人的非议置若罔闻。

那年暮夏，S突然悄悄对我说："我有男朋友了！"她一脸的得意，好像在说："哼，给你们看看我的厉害。"我当面道贺后，内心却不以为意，只觉得她这样仓促催熟的果实必定是苦涩的。谁知三四个月后，她便正式向众人介绍了自己的男友，并于当年的十二月办了婚礼。在婚礼上我见到了那位仁君，生得一表人才，待人接物也谨慎有礼，完全不像仓促间觅得的人物，和S郎才女貌，宛如一对璧人。到那时，人们才对S刮目相看。

P也是一个懂得自我催眠的女子。自大学时代起，她便对人说，自己定要在日后生一个女儿，并要向对待朋友一样平等地对待她。这个在外人听来微不足道的目标，从此却成了P的人生信仰。然而，不幸的她在婚后一连经历了三次流产，医生说她可能会永远丧失生育能力。

那时我见到P，她脸色苍白憔悴，眼神却始终坚定如初："那个孩子一定会来找我的，虽然可能要晚一些……"后来她再次怀孕，冒着生命危险终于产下了一个健康的小丫头。那位姗姗来迟的"小朋友"，现在已经三岁了。每次看着P和女儿一道嬉戏欢笑，我的心里都会升腾出一种莫名的感动。

我一直相信"心想事成"不是一句空话。虽然自己已记不得小时候极度渴望得到的东西是什么，但是当时因为渴望而产生的眩晕感却一直记忆犹新，那感觉，仿佛整个宇宙都在自己脑中旋转一般。神奇的是，这样的自我催眠可以让自己忘记一切可能的挫折，自内心深处涌起一股动力，促使我努力努力再努力，直到把梦想变成现实为止。

语言是思想的结果，思想是潜意识的产物。一旦出现让你极度渴望的事物，那么首先在脑中反复催眠自己吧，这会让你陷入业已成功了一半的喜悦中。如此不费分厘就能让自己开心的"催眠术"，何乐而不为呢？正处于花样年纪的你，何尝不想让自己的二十多岁过得更有意义，为日后留下更多美好的回忆呢？不要多想，催眠自己，然后竭尽全力去争取吧。

只有在经历过欲生欲死的爱情以及痛彻心扉的离别后，你才会发现一个重新再生的自己，而这个全新的自我会更美丽，更坚强。这便是生活给你的厚礼，未曾领受过的人，不会了解其个中滋味。

催眠前注意事项

● 不要混淆“错觉”和“催眠”。“谁都喜欢我……”、“公主本来就是寂寞的……”、“哼，她定是在嫉妒我的美貌……”诸如此类的错觉会将你拉入愚昧不前的泥沼。

● 清楚地认识自我。自我催眠不能替代努力本身，它只能让你更加坚定自己的信仰，但是路还是要自己走，认识自我便是首要之务。

● 不可误入歧途。我认识一个女子，她每天晚上都会拿着前男友的照片，一面咬牙切齿地折叠撕扯一面诅咒，后来那名男子果真在一次交通事故中失去了双腿。没有谁会因为他人受伤致残而感到幸福，自我催眠也不可走火入魔，误入歧途。

女人帮书系

我们是女子，心若琉璃身似花

如果你也和我们一样，
是个有美好愿望的女人，
期待美丽优雅，
情感幸福，职场顺利，内心知足，
好好生活，那么，这里的书都适合你。

我们喜新厌旧，我们患得患失
我们流离失所，我们所向披靡

《半糖主义》

《大爱完成》

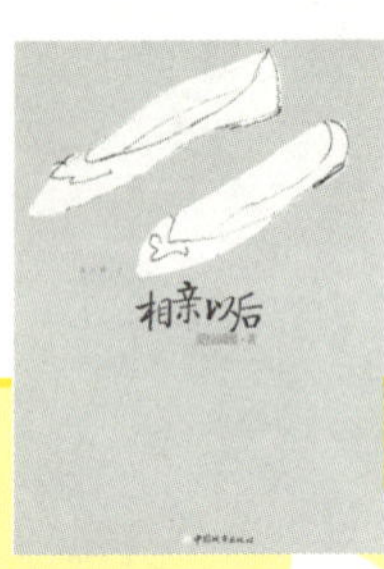

《相亲以后》

女人帮之
修炼经

《公主变王后》

《女子生活圣经》

《为什么男人爱说谎，
女人爱哭》

女人帮之
心灵坊